PARA DAVID

CONTENIDO

Introducción   8

Antes de empezar   14

Pasteles   30

Pastas   94

Galletas y pastelitos para el té   132

Merengue   178

Chocolate   194

Azúcar   210

Helados   238

Recetas básicas   252

Proveedores   263

Glosario   264

Índice   266

Agradecimientos   272

INTRODUCCIÓN

Durante mucho tiempo hacer pasteles fue para mí una afición, hasta que un verano en que no había forma de encontrar trabajo y estaba casi a punto de agotar todos mis ahorros, empecé a vender algunos pasteles que elaboré en la cocina de mi casa en un pequeño mercado de East London. Invertía 10 libras y volvía con unas 30 o 40 libras cada semana. Era una forma de conseguir algún dinero extra: no tenía planes de expansión, créditos, previsión de ventas ni relaciones públicas. Nunca gané más de 40 libras a la semana en el mercado de Swanfield, pero mis pasteles llamaron la atención a una escritora gastronómica del periódico *The Times*, que escribió un artículo publicado en febrero de 2009, y así fue como nació Lily Vanilli.

Desde entonces he suministrado pasteles, tartas y *brownies* a Harrods, he preparado canapés para el «Baile de la Corbata y la Tiara» de Elton John, he confeccionado una escultura de pastel para exhibirla en el Victoria & Albert Museum (chocolate negro especiado con mousse de pomelo y crema de cóctel Buck's Fizz) y abrí la Pastelería Lily Vanilli en Columbia Road, en East London, que ahora cuenta con siete empleados en plantilla. Yo solía vender unos pocos pasteles en el mercado de Swanfield, mientras que ahora nuestra pastelería produce cada semana cientos de pasteles, tartas, rollitos de salchicha, helados y repostería. Durante la semana utilizamos el espacio para confeccionar esculturas de pastel, preparar canapés dulces y hornear pasteles por encargo, y cada domingo abrimos nuestras puertas a cientos de lugareños y turistas que visitan el famoso mercado de flores de East End.

❝

No poseo formación específica ni ningún tipo de experiencia en el campo de la gastronomía; mi verdadera pasión por hacer pasteles nació del simple deseo de preparar para mí unos postres perfectos. Siempre he pensado que si voy a comer algo tan placentero como un pastel, este debería ser exactamente tal y como me gustaría que fuese, con el punto de equilibrio justo en cuanto a dulzura, ligereza, toque de frutos secos o sabor afrutado. Es por eso que mis recetas siempre están en constante evolución o cambian según la estación

del año, como el pastel de zanahoria, que cambia del verano al invierno: cuando los días se acortan, lo hago más suculento, especiado y regado con una cantidad generosa de brandy (véase la receta en las páginas 58-59).

Todo lo que sé sobre repostería lo he aprendido a través del ensayo y el error, leyendo y practicando. Como soy autodidacta, siempre me he sentido libre para experimentar, aportando mi propio estilo a la recetas y preparando pasteles, galletas y tartas con los ingredientes que tenía a mano o que captaban mi atención en la tienda. Mi pastel de vainilla y granada, que obtuvo el galardón de oro en los «Premios Gran Sabor», nunca habría nacido si una mañana no hubiera encontrado una hermosa granada rojo rubí abierta sobre la encimera de la cocina.

Hacer pasteles puede ser una forma de expresión fabulosa, y si lo ves así, tus pasteles siempre serán únicos. La comida que haces debe adaptarse a tus gustos o a los de las personas para las que estás cocinando. Cuando hago pasteles para amigos y clientes, siempre aplico esta filosofía: les preguntó exactamente cómo les gustaría que fuera el pastel de sus sueños en cuanto a aspecto y sabor, e intento hacerlo lo más perfecto posible para ellos.

La gente dice a menudo que la repostería es una ciencia, pero no dejes que esa observación te desanime. Los métodos que utilizamos hoy en día no fueron desarrollados por hombres vestidos con bata de laboratorio, sino que nacieron del ensayo y el error, del entusiasmo, la pasión y la experimentación de generaciones de reposteros como tú y como yo. Existen innumerables ejemplos de postres muy populares nacidos de confusiones en la cocina que lo demuestran, como por ejemplo, la tarta Bakewell y el *brownie*.

Sin embargo, en la repostería del siglo XXI podemos beneficiarnos de los conocimientos científicos sobre lo que estamos haciendo. Cuando elaboras un pastel, un merengue o una crema, estás controlando determinados procesos físicos y químicos que, realizados correctamente, producirán el efecto deseado. De modo que si bien es importante sentirse libre para experimentar, también resulta muy útil sacar provecho de la ciencia: conocer las reglas básicas te proporcionará una ventaja inicial para elaborar un pastel con la textura adecuada, una pasta con el hojaldrado correcto, o una crema con la consistencia perfecta. Y no se trata tan solo de práctica: descubrir la ciencia que se esconde tras el pastel que estoy preparando siempre ha ejercido una enorme fascinación sobre mí.

A menudo la gente me pregunta sobre mis consejos de repostería más importantes, y mi respuesta suele resultarles decepcionante. Les digo que hay algunas técnicas fundamentales que es preciso aprender, y unos cuantos pasos que no deberían pasarse por alto: es decir, implica un poco de trabajo duro al principio, aunque realmente vale la pena. Podría decirte que tienes que raspar el fondo del recipiente mezclador y manipular con suavidad la pasta, pero solo si comprendes por qué es necesario hacer estas cosas, podrás llegar a mejorar en el arte de la repostería. Cuando ya sabes hasta qué punto debes ceñirte o no a una receta, puedes empezar a disfrutar de la libertad. Cuando dominas algunas de las técnicas básicas, ya posees los conocimientos necesarios para preparar cientos de platos distintos e imprimir en cada uno de ellos tu propia personalidad y tu gusto individual.

Con esta idea en mi cabeza, he dividido este libro en secciones: cada una de ellas explica una técnica sencilla y muestra algunas de las múltiples variaciones que puedes hacer con la técnica básica en cuestión. Te demostraré con mis propias recetas lo lejos que puedes llegar solo con las técnicas básicas en tu propia cocina casera, una cocina como la cocina donde yo misma aprendí

no hace tanto tiempo. Partiendo de una sencilla crema pastelera puedes llegar a hacer postres tan diversos como un helado de absenta y pepitas de chocolate a la menta (véase página 247), un exquisito *trifle* de jerez (página 85), o bien una tarta de manzana y crema especiada (página 127), y todo eso con apenas un poco más del esfuerzo requerido para hacer un *cupcake*. La base de la repostería es una ciencia exacta, sí, pero cada postre que creas se convierte en algo personal, en un acto de generosidad, una celebración o un placer. Mi consejo de repostería más importante sería: aprende las técnicas básicas y luego crea tu propia receta. Espero que las técnicas y las recetas de este libro sean para ti un buen comienzo.

NOTA PARA LA UTILIZACIÓN DE ESTE LIBRO
Al final del libro, en las páginas 254-261, encontrarás un montón de recetas básicas: *coulis*, crema de mantequilla, franchipán, crema pastelera y *ganache*, que se utilizan tal cual o bien adaptadas a lo largo de todo el libro, creando toda una gama de variantes muy diversas. Puedes utilizar estas recetas básicas como base para tus propios postres. El libro se divide en secciones, y cada una de ella explora un método básico y explica algunas de las técnicas y la ciencia relativa al mismo con mayor detalle. No pasa nada si te saltas esa parte y te sumerges de lleno en las recetas; también así obtendrás unos excelentes resultados. Pero espero que si la lees, eso te ayude a progresar en tus habilidades, a entender qué es lo que va mal cuando algo no funciona, y a ganar confianza para empezar a adaptar las recetas a tu gusto.

VANILLI'S
COLEMAN
COFFEE ROASTERS
ESPRESSO
BLEND
ROAST DATE

ANTES DE EMPEZAR

INGREDIENTES 16 • AZÚCAR 17 • HARINA 18 • GLUTEN 19 • MANTEQUILLA 20 • HUEVOS 20 • AIRE 21 • EQUIPO 22 • UTENSILIOS BÁSICOS 23 • OTROS UTENSILIOS ÚTILES 25 • USO DE LA MANGA PASTELERA 26

INGREDIENTES

Comprender los ingredientes con los que estás trabajando te ayudará
a mejorar en el arte de la repostería. Esta sección analiza algunos
de los ingredientes básicos.

AZÚCAR

El **AZÚCAR** aparecerá de una forma u otra en la mayoría de los dulces que confecciones. Sirve para algo más que endulzar: en función de la receta, el azúcar puede aportar humedad, suavidad, estabilidad, actuar como conservante, potenciar otros sabores y caramelizar. El hecho de saber más sobre cómo pueden afectar los diferentes tipos de azúcar a lo que estás preparando te ayudará a elegir con confianza y adaptar la receta a tu gusto. A continuación encontrarás una lista de algunos de los tipos de azúcar disponibles y sus usos.

AZÚCAR GRANULADO: Azúcar normal, muy dulce y de sabor sencillo. Sus cristales son más grandes que los del azúcar superfino, y aunque puede utilizarse en la mayoría de recetas como sustituto si no hay otra, no es el azúcar ideal, a menos que se especifique lo contrario.

AZÚCAR SUPERFINO: Azúcar molido muy fino que se disuelve más rápido que el azúcar granulado refinado y se bate más fácilmente. Resulta especialmente indicado para hacer merengue y para batir la mantequilla con el azúcar para formar la base de un bizcocho. Si no dispones de azúcar superfino, puedes obtenerlo moliendo azúcar granulado durante un par de minutos en un procesador de alimentos (solo tienes que dejar que se asiente un par de segundos antes de abrir la tapa para evitar una nube de polvo de azúcar).

AZÚCAR SUPERFINO DORADO: Azúcar blanco con melaza añadida. Puede sustituir al azúcar superfino en cualquier receta y aporta un sabor más intenso, ligeramente acaramelado.

AZÚCAR MORENO CLARO/OSCURO: Otro tipo de azúcar superfino con melaza añadida, que aporta color y un sabor a caramelo más fuerte. Es muy húmedo y hará que el pastel quede más tierno. Debe guardarse cerrado en un lugar fresco y seco para evitar que se seque.

AZÚCAR MASCABADO: Un tipo de azúcar natural sin refinar disponible como azúcar moreno claro u oscuro, que posee un sabor intenso a melaza natural. Su color y su sabor proceden del jugo de la caña de azúcar que se desprende durante el proceso de producción, por lo que es pegajoso, pero se puede utilizar como cualquier otro azúcar moreno.

Los azúcares enumerados anteriormente pueden sustituirse unos por otros en la mayoría de casos, y aunque eso afectará al resultado, no lo perjudicará. Puedes probar a sustituir un azúcar por otro para ver cómo cambia el sabor y la textura: intenta hacer merengue con azúcar superfino dorado y verás que posee un sabor mucho más fuerte, mientras que un bizcocho confeccionado con azúcar moreno oscuro poseerá una textura más densa y suave.

AZÚCAR GLAS: Es azúcar granulado que ha sido molido hasta obtener un polvo fino, a menudo con harina de maíz añadida para evitar que se formen grumos y que cristalice. Se disuelve muy rápidamente y sirve para hacer fondant y crema de mantequilla, y para espolvorear pasteles una vez acabados.

AZÚCAR MORENO SUAVE SIN REFINAR: Este tipo de azúcar posee un sabor a caramelo muy característico. El azúcar moreno suave claro y el oscuro poseen propiedades distintas en cuanto a sabor y humedad, por lo que solo podrás sustituir el uno por el otro en pequeñas cantidades.

MELAZA: Un subproducto de la industria azucarera, este sirope oscuro es menos dulce que el azúcar; posee un sabor fuerte muy característico y mayor acidez.

MIEL: En algunas recetas de pastel, la miel puede sustituir al azúcar granulado o al azúcar superfino, pero deberás reducir la cantidad, puesto que la miel es más dulce y se dora más rápidamente. Prueba a utilizar aproximadamente la mitad de miel que de azúcar; reduce el líquido de la receta en consecuencia, y baja también un poco la temperatura del horno.

GLUCOSA LÍQUIDA: Un endulzante en forma de jarabe. Limita la cristalización del azúcar, por lo que resulta útil para elaborar sorbetes, mermeladas y caramelos.

MIEL DE CAÑA: Un sirope de azúcar invertido mucho más dulce que el azúcar y que también posee un ligero sabor a caramelo. Puede emplearse también en menor medida para limitar la cristalización del azúcar. Resulta perfecto para hacer pan de especias y barritas de muesli.

HARINA

La **HARINA** es la base de la mayoría de productos de repostería, aportando estructura, textura e incluso, en cierta medida, sabor.

ELECCIÓN DE LA HARINA: Una de las principales cosas que hay que saber sobre la harina es que contiene proteínas que al combinarse con un líquido forman gluten (véase la imagen de la derecha). El tipo de harina que elijas y el método de elaboración de cada receta dependerá principalmente de la cantidad de gluten que desees formar. La mayoría de recetas de este libro utilizan harina normal y un método que propicia un desarrollo mínimo del gluten, para conseguir pasteles ligeros y livianos y pastas hojaldradas. Intento utilizar harinas orgánicas siempre que me es posible, puesto que son de una mejor calidad y con ellas se obtienen mejores resultados. A continuación encontrarás una lista de algunos tipos de harina y sus usos.

HARINA BLANCA NORMAL: Es la harina que utilizarás para la mayoría de recetas de este libro; es una harina suave con un bajo contenido en proteína, adecuada para hacer pastas y pasteles. La harina normal se forma al retirar el salvado de la harina integral (véase más abajo).

HARINA BLANCA LEUDANTE: Es una preparación de harina blanca normal y algún tipo de levadura química (un agente leudante, como por ejemplo, polvo de hornear). Puedes obtener un sustituto decente de harina leudante añadiendo una cucharadita de polvo de hornear a cada 120 g de harina normal. Asegúrate de mezclarla uniformemente antes de añadirla a la masa.

HARINA INTEGRAL: Incluye el nutritivo germen de trigo y el salvado de trigo entero; la cantidad de trigo entero que conserva varía (hasta alcanzar el 100%), y el porcentaje aparece en el paquete. La harina de trigo integral puede ser normal o leudante.

ESPELTA: En la pastelería utilizamos muy a menudo harina de espelta. Este cereal, un antiguo precursor del trigo moderno, posee un sabor maravillosamente intenso y con un ligero toque a nuez. Como no contiene gluten, a menudo se considera adecuado para las personas con intolerancia al gluten.

HARINA DE FUERZA: La harina de fuerza o harina para hacer pan se muele a partir de trigo «duro» con un alto contenido de gluten, lo cual contribuye a dar elasticidad a la masa.

¿POR QUÉ TAMIZAR LA HARINA?: La importancia de tamizar la harina provoca división de opiniones entre los reposteros: muchos juran que jamás lo hacen y que sus pasteles no sufren ningún daño. Personalmente, yo tamizo la harina por lo menos una vez, en parte porque me gusta hacerlo, y también porque así la harina se airea y se eliminan todos los grumos, garantizando una absorción uniforme del líquido. Es otro paso más que puedes dar en dirección a la perfección para conseguir un pastel ligero y que suba uniformemente.

ALMACENAMIENTO DE LA HARINA: La harina da mejores resultados si se usa relativamente «fresca», así que evita hacer acopio de mucha harina, o trabajar con harina que ha estado dormitando en el fondo de tu alacena desde el principio de los tiempos. Compra la harina en pequeñas cantidades e intenta utilizarla en un plazo de tres meses. Guárdala en un recipiente hermético y en un lugar fresco.

GLUTEN

El **GLUTEN** se forma cuando dos proteínas que se encuentran en la harina entran en contacto con un líquido y se combinan, como si fuera un pegamento de doble fase. La exposición al calor y la fricción harán que el gluten se convierta en una especie de red formada por hebras elásticas y extensibles dentro de tu masa. Esta red atrapa las bolsas de aire y forma la estructura del pastel.

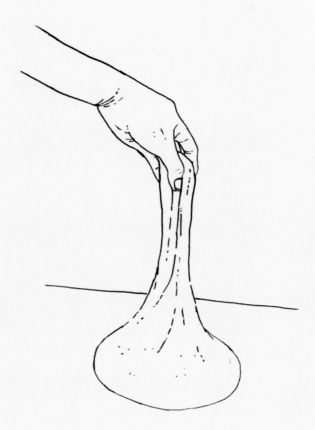

Cuanto más gluten se «desarrolle» (mediante la mezcla o el amasado), más fuertes y largas serán las hebras, aportando al pastel una textura gomosa y dura, algo deseable en el pan, pero no en los pasteles y las pastas. La ilustración superior muestra una masa con una estructura de gluten bien desarrollada. En muchas recetas se muestran métodos específicos para limitar el desarrollo del gluten más allá de lo mínimo necesario para la formación de una estructura de soporte: por ejemplo, manipulación mínima y el uso de utensilios e ingredientes fríos, o bien recubrir la harina con mantequilla para limitar la cantidad de líquido que absorba.

MANTEQUILLA

La **MANTEQUILLA** puede desempeñar papeles muy diferentes en función de cómo la utilices y de lo que estés preparando, pero en general sirve para ablandar, añadir sabor, y ayuda a mantener frescos los pasteles. En la página 153 puedes aprender cómo hacer tu propia mantequilla.

MANTEQUILLA A TEMPERATURA AMBIENTE: Cuando en una receta se pide que la mantequilla esté a temperatura ambiente, eso significa que debe estar lo suficientemente blanda para que cuando la toques con el dedo, la superficie se hunda fácilmente, pero sin estar derretida. La mejor manera de conseguirlo es dejar la mantequilla fuera de la nevera alrededor de una hora antes de empezar a hacer el pastel. Si no has tenido tiempo de hacerlo, puedes cortar mantequilla fría a dados de 2,5 cm y calentarlos con el microondas (a intervalos de 10 segundos, vigilándola hasta conseguir la consistencia correcta), o bien en una olla de fondo grueso a fuego bajo, hasta que se derrita como máximo un tercio de la mantequilla, y el resto esté blanda (puedes apagar el fuego y dejarla así cuando la olla esté caliente). También puedes dejar la mantequilla sobre un plato en un lugar caliente, como por ejemplo, una alacena situada sobre la calefacción, o bien encima del horno, pero no te olvides de ella.

¿POR QUÉ UTILIZAR MANTEQUILLA SIN SAL?: Hay multitud de razones sobre por qué se especifica mantequilla sin sal en la mayoría de recetas para pasteles, y no es tan solo por el sabor. La cantidad de sal y el contenido de agua varían enormemente entre las mantequillas con sal, haciendo que resulte más difícil hacer cálculos con precisión. La sal y el líquido también desempeñan un papel en el endurecimiento del gluten, y eso es algo que querrás controlar mientras trabajas (véase más sobre el tema en la página 19). La mantequilla sin sal suele ser más fresca y más pura, y no posee una fecha de caducidad tan larga como la mantequilla con sal.

HUEVOS

Los **HUEVOS** son el meollo de la mayoría de pasteles, aportan estructura, proporcionan vapor a la levadura y añaden humedad que contribuye al desarrollo del gluten. Las yemas de huevo añaden grasa blanda y ayudan a emulsionar una masa, con lo cual se consigue una textura más suave y cremosa. Las claras de huevo actúan como reforzantes y ayudan a atrapar el aire dentro de la masa, con lo cual esta sube más y se consigue una miga uniforme.

ELEGIR LOS HUEVOS: Intenta elegir siempre huevos de granja: no deberías tener ningún problema en encontrarlos (los huevos de gallinas enjauladas ahora son ilegales en el Reino Unido). Existen huevos de diferentes tamaños: yo he utilizado huevos medianos (de aproximadamente 50 g; 35 g de clara y 15 g de yema) para la recetas de este libro, a menos que se especifique otra cosa. En la mayoría de recetas se especifica que los huevos deben estar a temperatura ambiente, así que asegúrate de dejarlos fuera de la nevera antes de utilizarlos. Como alternativa puedes hacer subir la temperatura colocándolos en un bol con agua tibia.

CÓMO SEPARAR LOS HUEVOS: Existen diversas técnicas, pero yo golpeo la punta de la cáscara con un cuchillo pesado para hacer un corte limpio, luego hago caer la yema entre las dos mitades de la cáscara, dejando a su vez que se escurra la clara. Los huevos son fáciles de separar si están fríos, así que si tienes problemas, sepáralos recién sacados de la nevera y deja que se pongan a temperatura ambiente antes de utilizarlos.

QUÉ HACER CON CLARAS O YEMAS SOBRANTES: Puedes guardarlas en un recipiente hermético en la nevera un máximo de 3 días. También puedes congelarlas en un recipiente hermético durante un máximo de 3 meses. No olvides etiquetar el recipiente especificando el peso y el número de yemas y de claras.

GUARDA LAS CLARAS SOBRANTES PARA HACER: merengues y *macarons*.

GUARDA LAS YEMAS SOBRANTES PARA HACER: cremas, helados, baño de huevo batido y pastas.

AUNQUE no suele enumerarse en la lista de ingredientes, el aire resulta esencial en muchas recetas y muchos de los métodos e ingredientes utilizados en repostería se utilizan precisamente para atraparlo y retenerlo. El aire de tu masa afectará a la textura, el tamaño y la apariencia del pastel acabado. Las burbujas de aire atrapadas en las claras de huevo harán subir un pastel, así como el aire atrapado en la fase de batido de la masa. Los leudantes, como el bicarbonato sódico, el polvo de hornear y la levadura, liberan dióxido de carbono en el horno, lo cual ayuda a que suba el pastel, y pueden añadir ligereza a dulces más densos, como las galletas. Sea cual sea la forma en que se incorpore, el gas se expande dentro de esas burbujas de aire que, una vez calientes, hacen subir la masa del pastel.

EQUIPO

Todos crecemos con unos cuantos lemas que han estado martilleando en nuestras cabezas desde la infancia, y el mío era el siguiente: «Un mal trabajador echa la culpa a sus herramientas». En lo que se refiere a la repostería, no necesitas un equipo demasiado sofisticado. Los utensilios correctos ayudan a hacer un buen trabajo, pero si eres ingenioso, te las apañarás con unos cuantos utensilios básicos. Y esto me lleva al primer utensilio de la lista: tus manos. No tengas miedo de ensuciarte las manos cuando hagas pasteles, pues a menudo son la mejor herramienta de la que dispones para trabajar: repartir y extender masas, hacer masas y amasarlas, alisar, palmear, probar si está cocido, moldear y fraccionar.

UTENSILIOS BÁSICOS

OLLA DE FONDO GRUESO: Para calentar almíbares, salsas y azúcares, y para hacer un hervidor de doble pared (también conocido como baño María, véase la página 196).

COLADOR: De metal fino para tamizar harina, y de metal más grueso para colar cremas, salsas y *coulis*; todo aquello que requiera una textura suave y consistente.

CUENCOS MEZCLADORES: Los de metal son los mejores, seguidos de los de cristal y luego el plástico. Tener cuencos de más es un verdadero lujo, pues te ahorras lavarlos y secarlos a media receta, pero te las apañarás con dos cuencos de tamaño regular. Por lo menos uno de los dos debe tener una capacidad de 5 litros, y ambos deberían tener una capacidad mínima de 3 litros.

BATIDORA DE VARILLAS MANUAL: Resulta útil para batir líquidos, y también para mezclar uniformemente cualquier ingrediente seco de una sola vez.

BATIDORA MEZCLADORA CON BASE: Con una varilla y un accesorio de pala, una batidora mezcladora con base te facilitará mucho más la vida. Durante mucho tiempo me las arreglé con una batidora eléctrica de brazo (que se rompía continuamente), pero mi trabajo se volvió mucho más sencillo (y mucho más limpio) cuando finalmente me pude permitir comprarme una batidora mezcladora con base. Mi Kenwood Chef me prestó un gran servicio: he pasado muchas largas noches en vela haciendo literalmente cientos de pasteles con ella, en pequeñas tandas.

UN BUEN JUEGO DE BÁSCULAS: Un buen juego de básculas que midan en gramos, onzas y mililitros pueden comprarse por unos 20 euros y se ajustarán perfectamente a las necesidades de tu repostería casera. Busca una que mida hasta 2,2 kg en incrementos de 1 g, y es mejor que posea una superficie plana en lugar de un cuenco incorporado.

ESPÁTULA DE SILICONA: Un utensilio indispensable para cualquier repostero. Raspar el cuenco con una espátula mientras estás haciendo tu masa debería ser un hábito adquirido, especialmente si estás utilizando una batidora mezcladora con base. Una espátula también resulta útil para incorporar ingredientes y para alcanzar todos los extremos de una olla que debe revolverse. La silicona resiste el calor hasta un máximo de 260 °C, así que puedes emplearla para verter líquidos muy calientes.

CUCHARITAS DE MEDIR: Son útiles para medir con precisión 1 cucharada, 1 cucharadita, ½ cucharadita y ¼ de cucharadita. Si no tienes ninguna, resulta útil saber que 1 cucharada equivale a 3 cucharaditas.

PAPEL DE HORNEAR: Utiliza silicona o papel de hornear para el horno (pero no papel sulfurizado) pues va mucho mejor.

BANDEJAS DE HORNO: Son útiles no solo para hacer galletas y merengues, sino que también pueden emplearse para el chocolate y el azúcar.

MOLDES PARA TARTAS Y PASTELES: Resulta útil poseer moldes de diversos tamaños, pues utilizar el tamaño de molde incorrecto afectará al resultado (véase página 24). El material con el que se ha confeccionado un molde también puede afectar al resultado final: yo recomiendo utilizar moldes de aluminio, que distribuyen bien el calor.

HORNO: Esta es una parte del equipo con la que toca conformarse con lo que tienes. Cada horno que he utilizado poseía una personalidad y unas características propias. En la pastelería tenemos dos hornos: Wild Bill (Bill el salvaje), que es fantástico para hacer pan y asados, pero que arrasa con todo lo que tiene alrededor y lo quema si no vas con mucho cuidado, y The Perv' (El pervertido), denominado así porque tiene una pequeña luz que puedes pulsar para echar una ojeada dentro.

TERMÓMETRO DE HORNO: Los hornos varían considerablemente, y nunca he estado en una cocina, ya sea casera o profesional, donde los hornos marquen la temperatura correcta. Antes de hacer nada, deberías comprobar la temperatura de tu horno con un termómetro. Haz algunas pruebas y calcula cuándo la temperatura del horno coincide realmente con la temperatura del dial. Comprueba la temperatura de los diferentes estantes y partes del horno para determinar la distribución del calor. A menudo el estante superior será el más caliente, de modo que los pasteles situados en ese lugar se hornearán más rápido. He trabajado con un horno doméstico convencional durante mucho tiempo y tenía que saber exactamente cuándo girar una bandeja o bien cambiar los pasteles de estante. Llegarás a conocer tu horno mejor que nadie, y es posible que debas adaptar el tiempo de horneado en consecuencia.

NOTA: las temperaturas de horno de este libro corresponden a un horno doméstico con ventilador (de convección). Si estas utilizando un horno doméstico convencional deberías aumentar la temperatura del horno 20 °C. Recuerda que cada horno es diferente, así que comprueba la temperatura con un termómetro o prepárate para hacer unos cuantos ensayos hasta conseguir la temperatura correcta. Los hornos convencionales suelen presentar con mayor frecuencia «puntos calientes» (véase arriba).

UNA NOTA SOBRE EL TAMAÑO DE LOS MOLDES

Una de las últimas cosas en las que la gente piensa cuando prueba una nueva receta es comprobar si poseen el molde adecuado. Resulta muy tentador introducir la masa en el molde sin más y esperar que todo vaya bien. Pero esto puede afectar seriamente al resultado de tu pastel: si el molde está demasiado lleno, puede que el pastel no sea capaz de soportar su propio peso mientras sube, y podría desplomarse, o bien podría rebasar los bordes. Si no es lo suficientemente profundo, podría quemarse. Asegúrate de comprobar el tamaño de molde especificado y utiliza el correcto: vale la pena invertir en unos cuantos moldes nuevos si planeas hacer muchos pasteles, o bien puedes modificar la receta aumentando o reduciendo ingredientes para ajustarla al molde que tienes.

OTROS UTENSILIOS ÚTILES

RASQUETA DE REPOSTERÍA DE PLÁSTICO: Mi herramienta favorita en la cocina. Resulta frustrante, puesto que no suelen estar disponibles para los reposteros caseros, pero si te haces con una, se convertirá en tu mejor aliada. Yo la utilizo para raspar los cuencos, separar la masa, distribuir la masa en los moldes y rascar las superficies cuando he acabado y está todo sucio. No las encontrarás en las tiendas de artículos del hogar, pero puedes conseguirlas por muy poco dinero a través de la red (véanse los proveedores en la página 263).

VASO MEDIDOR: Un juego de básculas te servirá para medir en mililitros, pero resulta práctico tener algún vaso medidor a mano para añadir los líquidos gradualmente.

RALLADOR: Para rallar verduras. También puedes utilizar un procesador de alimentos, pero suelen rallar todo mucho más fino de lo necesario.

RALLADOR FINO: Para chocolate y frutas.

PROCESADOR DE ALIMENTOS: Práctico, aunque no esencial, para hacer masas, picar y moler frutos secos y mezclar líquidos con sólidos.

ESPÁTULA: Para extender chocolate y glasear pasteles.

CUCHARA DE MADERA: Para mezclar cualquier cosa que estés calentando en el fuego, aunque una espátula de silicona también sirve.

REJILLA ENFRIADORA: El mejor modo de enfriar pasteles: garantiza que el aire llegue al pastel desde todos los ángulos, para que se enfríe uniformemente y no se humedezca la base.

MANGA PASTELERA: Una manga pastelera para aportar tanto a tus postres como a ti un aspecto profesional. Una bolsa reutilizable y una o dos boquillas es todo lo que necesitas para decorar los pasteles de este libro. (Véase cómo utilizar la manga pastelera en la página 26).

CUENCO DE COBRE: El mejor para batir claras de huevo.

MANOPLAS DE COCINA DE CALIDAD: Deben ser resistentes al calor, pero no demasiado engorrosas, para que no te hagan perder destreza al sacar los pasteles o las bases de tarta del horno sin dañarlas.

TERMÓMETRO DE AZÚCAR: Si estás trabajando con azúcar hirviendo, deberías invertir en uno de estos termómetros para ayudarte a controlar la temperatura (para más información, véase la página 213).

RODILLO DE SILICONA: Para hacer pastas, masas y fondant.

OTROS UTENSILIOS PRÁCTICOS

• Palillos: para comprobar si los pasteles están hechos
• Cuchillos, tenedores, cucharas y tijeras de cocina
• Mortero y mano de mortero
• Cortadores de galletas
• Temporizador de horno
• Legumbres de hornear para hornear bases sin relleno
• Papel de cocina, film transparente y papel de aluminio

UNA NOTA SOBRE CÓMO ENVASAR CORRECTAMENTE
Guardar los alimentos herméticamente es fundamental para que se conserven bien hasta su fecha de consumo máximo. Si utilizas film transparente para envolver glaseados, masas, *coulis*, cremas o cualquier otro líquido sobrante, presiona al film transparente sobre la superficie del líquido (no te limites a colocarlo por encima del borde del cuenco) para sellarlo herméticamente. Si envuelves alguna mezcla seca, asegúrate de envolver la mezcla y no el cuenco.

USO DE LA MANGA PASTELERA

Las **MANGAS PASTELERAS** resultan prácticas para glasear, rellenar tartas y bollos, y hacer que las galletas, el chocolate y el merengue queden perfectos. Lleva algo de tiempo familiarizarse con ellas, pero con un poquito de práctica, lo conseguirás en seguida. Aquí verás cómo hacerlo.

Desliza la boquilla hasta el lugar que le corresponde, siguiendo las instrucciones que acompañan a la bolsa. Sujeta la bolsa unos 10 cm por encima de la boquilla y dobla el resto de la bolsa por encima de tu mano, como si fuera un puño. Con ayuda de una espátula, una cuchara de madera o una cuchara de metal grande de servir, introduce un poco del ingrediente que quieras dispensar con la manga pastelera por el orificio de la bolsa. Desdobla de nuevo el puño hacia arriba y presiona la masa hacia abajo en dirección a la boquilla, eliminando las bolsas de aire que hayan quedado atrapadas. Retuerce la bolsa por encima de la masa y sujétala en ese punto con tu mano derecha (o con tu mano izquierda, si eres zurdo). Aprieta desde aquí y utiliza la otra mano para guiar la manga.

SUPERTRUCO: DIVIDIR LA BOLSA

Es uno de los mejores consejos de repostería que me han dado. Si la bolsa de la manga pastelera está demasiado llena, pesada o rígida para conseguir un buen flujo, divide la bolsa retorciéndola por la mitad de la masa (procura que el resto no se desparrame por arriba). Luego puedes sujetar la parte superior de la bolsa con tu mano izquierda (si eres diestro) y usar la manga desde la parte dividida con tu mano derecha como es habitual. Esto significa que no tendrás que ir rellenando la bolsa y que podrás manejarla bien, incluso si tienes unas muñecas débiles como las mías.

¿QUÉ BOQUILLA DEBO USAR?

- 1M (estrella abierta de 1,5 cm): Sirve para hacer remolinos, rosas, merengues, galletas y para glasear cupcakes.
- Wilton 10 (boquilla redonda mediana): Sirve para hacer bordes, champiñones de merengue (página 19) y huesos (página 185).
- Wilton 5 (boquilla redonda bastante pequeña): Sirve para hacer líneas finas y pequeños toques de glaseado o chocolate.
- 104 (boquilla de volantes): Produce un hermoso efecto de volantes para decorar pasteles.

Y POR ÚLTIMO…

- ¡Prepárate para lavar! **LAVAR** te llevará alrededor de un cuarto del tiempo de preparar el pastel, así que vale la pena que planifiques un poco tu tiempo para asegurarte de que tendrás los utensilios adecuados limpios cuando los necesites. Ten preparada agua caliente y jabonosa en el fregadero.

- Si te has organizado bien, es menos probable que te equivoques: prepara los utensilios con antelación, **LEE LA RECETA DE CABO A RABO ANTES DE EMPEZAR,** incluso si es algo que ya has hecho antes, e intenta ir limpiando los utensilios a medida que avances. Los resultados se reflejarán en el pastel.

- **HAZ ESPACIO PARA TRABAJAR.** Si tienes una cocina pequeña, procura ganar espacio extra en las superficies de trabajo: limpia la mesa de la cocina, o bien consigue una mesa adicional.

- **TEN SIEMPRE A MANO EXISTENCIAS DE LOS INGREDIENTES BÁSICOS,** especialmente huevos de granja, mantequilla sin sal, azúcar superfino, harina normal y polvo de hornear. Es más probable que experimentes y aprendas si puedes improvisar algo siempre que te apetezca.

- **ASEGÚRATE DE QUE LOS INGREDIENTES ESTÁN A LA TEMPERATURA ADECUADA.** Hay recetas que exigen que los ingredientes estén a diferentes temperaturas, y tenerlos o no a la temperatura correcta influirá sobremanera en el resultado final. La mantequilla demasiado fría se puede cortar a dados y calentarla suavemente en una olla, o con el microondas. Los huevos fríos se pueden llevar a temperatura ambiente sumergiéndolos en un plato de agua tibia (no hirviendo).

- **PRECALIENTA TU HORNO** a la temperatura correcta por lo menos 20 minutos antes de cuando necesites utilizarlo. Comprueba que todos los estantes están en el lugar correcto e intenta mantener la puerta cerrada: ábrela solo para meter los pasteles y evita abrirla durante el tiempo de horneado, puesto que el aire frío de la cocina reducirá la temperatura del horno.

- **PREPARA LOS MOLDES** que vayas a utilizar antes de empezar.

- **APRENDE A CONFIAR EN TU INSTINTO.** Aprende a conocer tu horno y todas sus peculiaridades para saber cuándo hay que girar las bandejas en el horno o cuándo debes cambiar los moldes de estante para garantizar un horneado uniforme. Cuando empecé a hacer pasteles para otras personas, trabajaba en casa y horneaba cientos de remesas de pasteles al día en mi pequeño horno. Nunca utilicé un temporizador, pero siempre sabía cuándo un pastel estaba listo por el olor que llenaba toda la cocina.

PASTELES

BIZCOCHO ESPONJOSO DE VAINILLA BÁSICO 38 • PASTELITOS PARA EL TÉ DE LAVANDA Y ALMENDRAS TOSTADAS 41 • PASTELITOS PARA EL TÉ DE FRUTA DE LA PASIÓN Y ALMENDRAS TOSTADAS 41 • BIZCOCHO DE CAPAS DE GRANADA Y VAINILLA 41 • PASTELITOS PARA EL TÉ DE CACAO Y VAINILLA 44 • PASTELITOS PARA EL TÉ DE COCO 44 • BIZCOCHO VICTORIA CON FRUTAS DEL BOSQUE 45 • CANAPÉS DE BIZCOCHO Y GALLETAS BRILLANTES 45 • PASTEL DE CHOCOLATE AMARGO Y NARANJA 46 • PASTEL DE MADEIRA CON CEREZAS Y SEMILLAS 48 • PASTEL DE CEBRA 52 • PASTEL DE REMOLACHA 55 • PASTEL SIN HARINA DE GALLETAS OREO 56 • PASTEL DE ZANAHORIA DE VERANO/INVIERNO 58 • PASTEL DE MANZANA Y ROMERO AL ACEITE DE OLIVA 61 • PASTEL DE CHOCOLATE Y AGUACATE 62 • PASTEL DE LLUVIA DE MARGARITA 65 • PASTEL DE CERVEZA PORTER 66 • PASTEL DE CHOCOLATE SENCILLO Y EXQUISITO 69 • PASTEL DE PERA, CHIRIVÍA Y JENGIBRE 70 • RED VELVET 72 • CANAPÉS DE MINIPASTELES DE CAPAS 73 • PASTEL DE CAPAS RED VELVET 74 • CORAZONES SANGRANTES 77 • PASTEL DE CHOCOLATE SIN HARINA PARA DESPUÉS DE CENAR 78 • PASTEL AL REVÉS DE PIÑA Y AVELLANA 81 • PASTEL SIN GLUTEN DE ZANAHORIA Y CALABACÍN 82 • *TRIFLE* DE JEREZ BORRACHÍN 85 • PASTEL DE ROSAS 87 • PASTEL CON FLORES COMESTIBLES 88 • PASTEL DECORADO CON CHOCOLATE 89 • PASTEL CON LETRAS DE PURPURINA 90 • PASTEL CON FRUTA BRILLANTE 91 • PASTEL DE ESQUIRLAS DE CRISTAL 92 • PASTEL DE MOSAICO 93

BIZCOCHO

Las recetas de **BIZCOCHO** empezaron a aparecer en siglo XV, cuando los hornos mejoraron y se experimentaba con nuevos tipos de levadura. Antes de eso, lo más parecido a un pastel era un pan especiado dulce y enriquecido.

Una receta de bizcocho normalmente contiene harina, azúcar, grasa, huevos, un agente leudante y algo de líquido, y se hace siguiendo el «método de acremar». Conocer este método y los ingredientes básicos de un bizcocho debería aportarte una buena introducción a los entresijos de hacer pasteles. Puede que quieras saltarte esta parte e ir directamente a la receta: igualmente obtendrás un buen resultado. Siempre me ha fascinado la ciencia que subyace tras cada paso y cada medida, y he descubierto que comprenderla (o por lo menos intentarlo) hace que te sientas más involucrado en el proceso y produce unos resultados mucho mejores. Existen más reglas para un repostero que para un chef, y tanto si las sigues como si no, puede ser realmente útil intentar comprenderlas.

EQUILIBRAR LOS INGREDIENTES BÁSICOS

La harina y los huevos son la base de un pastel; le confieren estructura, pero también pueden secarlo. El azúcar y las grasas lo hacen suave y húmedo, pero pueden destruir la estructura. Un buen bizcocho requiere un cuidadoso equilibrio entre sus ingredientes básicos.

UNA NOTA SOBRE LA GRASA DE LOS PASTELES

El aceite engrasa las proteínas que se encuentran en la harina mucho mejor que la mantequilla y con él se obtiene un pastel más húmedo y tierno; sin embargo, existe una diferencia en cuanto a sabor. Prueba a sustituir una parte de la mantequilla por aceite en las recetas.

PASO 1: ACREMAR LA GRASA Y EL AZÚCAR

«Acremar» implica batir conjuntamente la grasa (mantequilla) y el azúcar, y garantiza una textura fina y uniforme a tu pastel. Al batir, los cristales de azúcar son arrastrados hacia la mantequilla, y sus bordes rugosos atrapan un montón de diminutas e uniformes bolsas de aire que quedan atrapadas en una capa de grasa. Estas bolsas forman la base del pastel. (El azúcar superfino es el mejor en este caso, pues los cristales más pequeños producen un mayor número de bolsas de aire más pequeñas). Además, cada una de estas bolsitas de aire se llenará con gas en expansión y vapor en el horno, haciendo subir el pastel y formando una textura suave y ligera. La duración de esta fase variará en función de tu mezcladora: yo recomiendo aproximadamente 5 minutos, pero sabrás que está lista cuando se vea más clara y haya aumentado en volumen; esto es lo que en la receta se indica como «una mezcla ligera y esponjosa».

CONSEJO: Si pones en marcha la mezcladora a baja velocidad y vas aumentando gradualmente la velocidad, permitirás que se formen burbujas de aire y se hagan más fuertes. Si empiezas a una velocidad demasiado alta, las frágiles burbujas de aire podrían romperse, y el pastel resultante sería pesado y denso.

PASO 2: INCORPORAR LOS HUEVOS

El siguiente paso es añadir los huevos, que sellarán las bolsas de aire engrasadas y ayudarán a evitar que se rompan cuando la mantequilla se funda en el horno. La clara de huevo también contiene proteínas que sustentarán la estructura del pastel, y las yemas harán que la textura sea más tierna y cremosa. Bate solo al incorporar los huevos; no beneficiará en nada al pastel si los sigues batiendo una vez incorporados. Batir en exceso en este punto puede producir un pastel separado con una «corteza» brillante.

PASO 3: INCORPORAR LA HARINA, EL POLVO DE HORNEAR Y EL LÍQUIDO

La harina contiene los elementos necesarios para el desarrollo del gluten, el cual, junto con la clara de huevo, formará la base de la estructura del pastel (véanse las notas de página 19). Una vez incorporada la harina, la mezcla debería batirse lo mínimo, para evitar el desarrollo de demasiado gluten (la cantidad adecuada ayudará a sustentar el pastel, pero demasiado gluten le dará una textura pesada y fibrosa, más similar al pan).

POLVO DE HORNEAR: Debería mezclarse uniformemente con la harina antes de añadirlo a la masa (véase la nota sobre levaduras químicas de la derecha). En mi opinión, tamizar ambos ingredientes juntos no basta para que queden bien mezclados.

LÍQUIDO: La cantidad correcta de líquido aporta cuerpo al pastel, ayuda a la formación del gluten, lo vuelve más tierno y se convierte en vapor dentro del horno, permitiendo que se libere más aire en la masa.

Normalmente llevo a cabo esta fase en tres partes, añadiendo la mitad de la harina, a continuación, el líquido, y luego la harina restante. Esto evita que la masa se divida, a la vez que impide que se forme demasiado gluten. No olvides que no debes batir en exceso.

PASO 4: HORNEAR

Una vez expuesto al calor, el volumen de tu pastel aumentará a medida que se asiente su estructura. Esto se debe a que están pasando un montón de cosas dentro de la masa. Primero, el calor hace que los gases de las bolsas de aire se expandan, lo cual a su vez extiende la estructura del gluten. Al mismo tiempo, el ácido y el álcali del polvo de hornear reacciona, liberando dióxido de carbono, el cual expande aún más las bolsas. Luego, mientras la temperatura va aumentando lentamente, los líquidos empiezan a convertirse en vapor y expanden las bolsas de aire una vez más. Por último, el huevo de la masa cuaja (se coagula) y el gluten pierde su elasticidad, sellando la estructura del pastel. A continuación, el azúcar carameliza, otorgando al pastel un hermoso acabado dorado. La temperatura de tu horno es el punto clave aquí: si tu temperatura es la correcta, el tiempo de expansión de las bolsas de aire y de fusión de la grasa debería coincidir con la coagulación de la capa de huevo y sellar las bolsas de aire de la estructura del pastel. Si la temperatura no es la correcta, estos sucesos no se sincronizarán con tanta fluidez y el pastel no saldrá bien.

¿BICARBONATO SÓDICO O POLVO DE HORNEAR?

El bicarbonato sódico y el polvo de hornear son dos tipos de levaduras químicas o agentes leudantes. Cuando el bicarbonato sódico se combina con la humedad y con un ingrediente ácido (por ejemplo: vinagre de manzana, yogur, nata ácida, chocolate, suero de leche, miel) la reacción química resultante libera burbujas de bióxido de carbono que se expanden en el horno y ayudan a que los pasteles suban. Esto empezará a suceder en cuanto mezcles el bicarbonato sódico y el ácido en la masa, así que intenta meter el pastel rápidamente en el horno. El polvo de hornear es una mezcla de ácido (cremor tártaro) y álcali (bicarbonato sódico). A pesar de que el ácido y el álcali ya están combinados, solo empezarán a reaccionar plenamente cuando estén expuestos al calor del horno. Saber cuál de las dos levaduras debes utilizar dependerá del resto de ingredientes: el bicarbonato necesita un ácido para equilibrarse (y para reaccionar), así que lo mejor es utilizarlo en una receta que contenga un ingrediente ácido. Si alguna vez sustituyes accidentalmente el bicarbonato por polvo de hornear en una receta sin ningún ingrediente ácido para equilibrarlo, notarás un sabor muy amargo y empalagoso. El polvo de hornear posee un sabor más neutral. No intentes sustituir uno por el otro sin adaptar el resto de la receta. En la mayoría de los casos, si en una receta se te pide utilizar ambos, eso es porque se supone que el polvo de hornear actuará como la levadura principal, mientras que el bicarbonato servirá para neutralizar un exceso de ácido de los otros ingredientes.

NOTA: Mide la levadura química cuidadosamente; con poco, conseguirás mucho. Como norma general, deberías utilizar una cucharadita de polvo de hornear, o bien ¼ de cucharadita de bicarbonato sódico por 130 g de harina de trigo normal.

SI TU HORNO ESTÁ DEMASIADO CALIENTE, los bordes del pastel formarán una corteza antes de que el centro tenga tiempo de cocerse por completo, dejando un centro pastoso lleno de gases que seguirán expandiéndose demasiado tarde durante el proceso de horneado y que harán que la corteza se rompa. **SI TU HORNO ESTÁ DEMASIADO FRÍO**, la grasa se deshará, liberando su aire y los gases de la levadura antes de que el resto de elementos de la masa cuajen lo suficiente como para sustentarlo, y el pastel no subirá.

ENFRIAMIENTO

Normalmente deberías dejar enfriar el pastel en el molde un mínimo de 10 minutos después de sacarlo del horno, sobre una rejilla enfriadora, para que el aire pueda circular. Los pasteles están más blandos y son más frágiles antes de que se enfríen por completo: el proceso de enfriamiento permite que el almidón gelatinizado de la harina se solidifique y fortalezca el pastel, y si intentas sacarlo del molde demasiado pronto, puede que se quede pegado en el molde. Si dejas el pastel en el molde demasiado tiempo, el vapor que libera se quedará atrapado y lo dejará pastoso. Transcurridos 10 minutos, sácalo del molde y déjalo sobre la rejilla para que se enfríe. Es mejor esperar hasta que el pastel esté completamente frío antes de retirar el papel de hornear, de lo contrario, podrías arrancar pedazos del pastel con el papel.

ALMACENAMIENTO

Los pasteles generalmente se mantienen bien a temperatura ambiente durante unos cuantos días, gracias a las propiedades de retención de la humedad de la mantequilla y el azúcar con los que han sido elaborados. Glasear un pastel ayudará a conservarlo por más tiempo, puesto que así queda menos expuesto al aire. Guardar los pasteles en la nevera suele secarlos, pero puedes congelar la mayoría de pasteles. Solo tienes que envolver con firmeza los pasteles sin glasear con una gruesa capa de film trasparente y descongelarlos a temperatura ambiente.

PASTELES ELABORADOS CON HUEVOS BATIDOS

A VECES una receta requiere claras de huevo montadas, y en ese caso, la masa del pastel tomará un poco o todo el leudante del aire atrapado en las claras de huevo montadas. Este proceso requiere batir las claras hasta obtener una espuma blanca y abundante, llena de burbujas de aire. Estas burbujas se expandirán en el horno hasta que el huevo cuaje y selle el aire allí donde esté. En lo que respecta a montar las claras de huevo para hacer un pastel, las reglas son bastante estrictas, pero no te desanimes: en realidad es muy sencillo. Igual que para hacer merengues, necesitarás utilizar huevos a temperatura ambiente y separarlos con mucho cuidado, puesto que la grasa de las yemas malograría el proceso (véase cómo separar huevos en página 20). De hecho, cualquier tipo de grasa o aceite es tu enemigo aquí: asegúrate de que todo está impecablemente limpio.

MONTAR CLARAS DE HUEVO

Lo ideal es utilizar una batidora mezcladora con base, o bien una batidora eléctrica de brazo, con el accesorio de varillas, y un cuenco mezclador lo suficiente grande para contener ocho veces el volumen de la cantidad de claras inicial. Añade una pizca de sal y empieza a batir a velocidad media, aumentando gradualmente hasta llegar a velocidad alta a medida que las claras empiecen a espumar. El tiempo variará en función de la cantidad de claras que estés utilizando, así que pon atención. Estarán listas cuando alcancen la fase de «picos firmes»: deben quedar suaves, húmedas, brillantes, y las puntas deben aguantarse al levantar las varillas sobre el cuenco.

NOTA: Una pizca de cremor tártaro o una gota de zumo de limón te ayudará a aumentar volumen y estabilidad.

INCORPORAR LAS CLARAS A LA MASA

Cuando las claras ya estén montadas formando picos firmes, deberás incorporarlas enseguida a la masa con cuidado: en cuanto acabes de batirlas, empezarán a perder aire. Lo mejor para incorporarlas es una cuchara de metal o una espátula de goma. Empieza haciendo un hueco en el centro de la masa o de los ingredientes secos. Si se trata de una masa húmeda, echa una pequeña cucharada de claras, solo para incorporarla a la mezcla. Ahora agrega las claras en el centro: utiliza la espátula para cortar el centro y extiende las claras hacia el borde del cuenco, volviendo mediante un movimiento envolvente hasta la parte superior de las claras. Gira el cuenco ligeramente y repite el proceso hasta incorporar toda la espuma. Puede que parezca que nunca van a acabar de incorporarse, pero lo harán. Sigue haciendo este movimiento envolvente. El objetivo aquí es conservar todo el aire posible mientras incorporas la espuma uniformemente. Intenta hacerlo con suavidad y ten paciencia.

   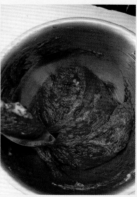

NOTA: Las yemas o los huevos enteros también se pueden batir para atrapar aire, pero eso es tan solo una fracción de todo el aire que pueden llegar a atrapar las claras solas. Si hago pasteles con claras de huevo montadas, me gusta batir las yemas también, por separado, para obtener un volumen extra.

RITUALES Y PASTELES

Desde que empecé a aprender repostería he estado obsesionada con la historia de los pasteles. Su imagen es tan saludable, modesta y dulce, y además, en diferentes lugares del mundo su historia tiene asociaciones mitológicas y religiosas, e incluso macabras, y también de historias fantásticas. Se les han atribuido propiedades mágicas, un gran simbolismo e incluso poderes adivinatorios. Los pasteles han estado ligados desde hace mucho a ocasiones ceremoniales: bodas, cumpleaños, funerales, pero cuanto más nos remontamos en la historia, más importante es su papel en los rituales. Los pasteles se ofrecían a los dioses o se consumían como parte de las ceremonias realizadas para apaciguarlos, para favorecer buenas cosechas o para asegurar la continuidad de la rotación del sol. He aquí una colección de relatos mitológicos relacionados con los pasteles de diferentes partes del mundo.

LOS *SOUL CAKES* o «pasteles de las almas» se solían comer el Día de Difuntos. Para los paganos, en el Día de Difuntos los muertos se alzaban y caminaban por la tierra, y creían que necesitaban ser alimentados para persuadirlos de no dañar a los vivos. Los japoneses y los mexicanos también hacen pasteles para sus muertos. En Alemania y Austria hay gente que suele dejar pasteles en las tumbas, y los antiguos egipcios los colocaban dentro de los sepulcros.

LOS PASTELES DE LUNA CHINOS aún se consumen en la actualidad en el festival chino de culto lunar. Su simbolismo está relacionado con la mítica Diosa de la Luna, deidad de la inmortalidad, que vive en la luna con un conejo lunar que prepara arroz. Existe un cuento popular que narra cómo el derrocamiento del imperio mongol fue facilitado por los mensajes escondidos dentro de los pasteles de luna y por los acertijos impresos sobre sus superficies que revelaban códigos secretos y que se destruían al comer los pasteles.

LOS ANTIGUOS CELTAS hacían rodar pasteles por la ladera de una colina para imitar la rotación del sol y asegurar así su continuidad. También utilizaba los pasteles como medio de adivinación, incluso para seleccionar víctimas para el sacrificio. En un ritual similar a la tradición de poner un chelín en el budín de Navidad, los celtas ennegrecían un trozo de pastel con carbón vegetal; luego, al dividir y servir el pastel, el receptor del trozo ennegrecido era sacrificado como ofrenda a los dioses. De hecho, se cree que el «hombre de Lindow», el cuerpo conservado en alquitrán de un hombre muerto 2.200 años atrás y que actualmente se halla en el Museo Británico, fue precisamente víctima de un ritual de este tipo. Entre los restos de su última comida fue hallado un pastel digerido parcialmente y medio chamuscado en su intestino delgado.

LOS ANTIGUOS GRIEGOS depositaban pasteles en los cruces de caminos para apaciguar a Hécate, la irritable diosa del inframundo. Dejaban ofrendas de «pasteles de Hécate» para ella, a veces marcados por una única vela, a fin de que la diosa pudiera encontrar su camino en la oscuridad. Hay quienes piensan que esta costumbre es el origen de la tradición de poner velas de cumpleaños en los pasteles. Muchas culturas hacían ofrendas de pasteles a las deidades, y también ofrecían pasteles a los espíritus de los muertos, pues pensaban que los pasteles les alimentarían en su viaje al más allá.

LOS PASTELES DE TORTUGA son pasteles de pasta de harina en forma de tortuga que se elaboran en los festivales celebrados en honor de una deidad en los pueblos taiwaneses. La gente compra los pasteles en el templo y se los lleva a casa para asegurarse prosperidad, armonía y seguridad.

RECETA BÁSICA DE BIZCOCHO DE VAINILLA MUY ESPONJOSO

Existen muchas variaciones de la receta y la técnica de elaboración del bizcocho de vainilla básico, y esta es mi favorita. Han hecho falta muchas horas de trabajo en la pastelería para perfeccionarla, y puedo garantizar que se trata de uno de los bizcochos de vainilla más ligeros y cremosos, que se deshacen en la boca, que podrás encontrar. Es uno de los pasteles más sencillos de los que hago, pero también uno de los más populares, y constantemente me piden la receta. Su ligereza parece desafiar la fuerza de la gravedad, pero su superficie es cremosa, casi mullida. Si vas a perfeccionar una de las recetas de este libro utilizándola una y otra vez, te recomiendo esta: sencilla pero deliciosa, versátil e impresionante.

En esta receta toda la harina se recubre de mantequilla en la fase inicial, lo cual impide el desarrollo del gluten y produce una miga muy blanda. Se forman muchas menos bolsas de aire al acremar la mantequilla, pero eso se compensa con una dosis superior de polvo de hornear. Como se forma muy poco gluten para generar la estructura del pastel, se trata de un pastel bastante delicado, así que vigila bien el tiempo de hornear y asegúrate de comprobar la temperatura de tu horno. Procura mezclar juntos los ingredientes secos primero, puesto que es una fase crucial para conseguir un resultado uniforme.

TIEMPO DE PREPARACIÓN

20 minutos

TIEMPO DE COCCIÓN

30 minutos

RACIONES: 8-10

330 g de harina normal tamizada

320 g de azúcar superfino

1 ½ cucharadas de polvo de hornear

Una pizca de sal

175 g de mantequilla sin sal a temperatura ambiente

3 huevos

190 ml de leche entera

1 ½ cucharaditas de extracto de vainilla de calidad

Dos moldes para pastel de 23 cm, engrasados y forrados, o bien
24 moldes de cupcake en bandejas

1 Precalienta el horno a 180 °C si es de aire (al 6 si es de gas).

2 En un cuenco, mezcla todos los ingredientes secos. Agrega la mantequilla batiendo hasta que esté incorporada y la mezcla parezca estar recubierta uniformemente y tenga el aspecto de una mezcla de migajas finas (2-3 minutos a velocidad media).

3 Agrega los huevos y bate, primero a velocidad media y luego a velocidad alta, solo hasta incorporarlos.

4 Añade la leche y la vainilla y sigue batiendo a velocidad media y luego a velocidad alta, hasta que la mezcla sea suave y homogénea; adquirirá un tono ligeramente más claro (2-3 minutos).

5 Divide la mezcla entre los dos moldes preparados y nivela los bordes. Hornea los bizcochos durante 25-30 minutos, o hasta que al insertar un palillo en el centro, este salga limpio. Retira los bizcochos del horno y deja que se enfríen en los moldes 10 minutos antes de voltearlos sobre una rejilla enfriadora para que se enfríen por completo.

CONSEJO: Raspa siempre las paredes del cuenco entre la incorporación de un ingrediente y el siguiente.

SIETE PROPUESTAS CON BIZCOCHO DE VAINILLA

Una vez hayas perfeccionado la receta básica de bizcocho de vainilla, existen miles de deliciosas maneras de adaptarlo y presentarlo. He aquí algunas de mis favoritas.

PASTELITOS PARA EL TÉ DE LAVANDA Y ALMENDRAS TOSTADAS

1 hornada de bizcocho de vainilla
elaborado con leche de lavanda
(véase la página 257)

1 medida de glaseado de lavanda
(véase la página 255)

2 cucharaditas de flores de lavanda
machacadas en un mortero

20 g de almendras laminadas tostadas
(véase la página 257)

1 Prepara el bizcocho solo de vainilla sustituyendo la leche normal por la leche de lavanda, hornéalo y deja que se enfríe por completo.

2 Corona cada pastelito con crema de mantequilla, y luego espolvorea las flores de lavanda machacadas por encima y las almendras tostadas ya frías.

PASTELITOS PARA EL TÉ DE FRUTA DE LA PASIÓN Y ALMENDRAS TOSTADAS

1 hornada de bizcocho de vainilla

1 medida de crema de mantequilla
a la vainilla (véase la página 254)

La pulpa de 4 frutas de la pasión

40 g de almendras fileteadas tostadas
(véase la página 257)

1 Prepara el bizcocho de vainilla, hornéalo y deja que se enfríe por completo.

2 Corona cada pastel con la crema de mantequilla y una cucharada de pulpa de fruta de la pasión y remátalo con las almendras tostadas.

BIZCOCHO DE CAPAS DE GRANADA Y VAINILLA

1 hornada de bizcocho de vainilla

1 granada madura

1 medida de crema de mantequilla
a la vainilla (véase la página 254)

50 g de coco deshidratado

1 Prepara el bizcocho de vainilla, hornéalo y deja que se enfríe por completo.

2 Desgrana la granada, asegurándote de retirar toda la piel blanca, y utiliza papel de cocina para absorber el exceso de líquido de los granos.

3 Utiliza una espátula o el dorso de una cuchara de postre para extender parte de la crema de mantequilla sobre la capa de base y cubrirla. Espolvorea generosamente la base con granos de granada y un poco de coco. Cúbrela con la otra capa y repite el proceso sobre la superficie del bizcocho.

SIETE PROPUESTAS CON BIZCOCHO DE VAINILLA

PASTELITOS PARA EL TÉ DE LAVANDA Y ALMENDRAS TOSTADAS

PASTELITOS PARA EL TÉ DE COCO

PASTELITOS PARA EL TÉ DE CACAO Y VAINILLA

**BIZCOCHO DE CAPAS DE GRANADA
Y VAINILLA**

**BIZCOCHO VICTORIA CON FRUTAS
DEL BOSQUE**

**PASTELITOS PARA EL TÉ DE FRUTA DE
LA PASIÓN Y ALMENDRAS TOSTADAS**

**CANAPÉS DE BIZCOCHO Y GALLETAS
BRILLANTES**

PASTELITOS PARA EL TÉ DE CACAO Y VAINILLA

l hornada de bizcocho de vainilla,
omitiendo 40 g de harina
(véase el paso 1)

40 g de cacao tamizado

l medida de crema de mantequilla
de chocolate o a la vainilla
(véanse las páginas 254-255)

Chocolate picado, frutos secos
tostados, o bien coco deshidratado

1 Prepara el bizcocho de vainilla, omitiendo 40 g de harina e incorporando el cacao justo antes de trasladar la masa a los moldes. Yo prefiero distribuirlo libremente, para que hayan burbujas de cacao por toda la masa, en lugar de batirlo de forma homogénea, pero eso es cosa tuya. Hornéalo y deja que se enfríe por completo.

2 Corona cada pastel con crema de mantequilla y espolvoréalo con chocolate, frutos secos o coco.

PASTELITOS PARA EL TÉ DE COCO

l hornada de bizcocho de vainilla

50 g de coco deshidratado

l medida de crema de mantequilla
a la vainilla (véase la página 254)

Copos de coco, tostados sobre una
bandeja de hornear en un horno
precalentado a 180 °C si es de aire
(al 6 si es de gas) durante unos
4 minutos, o hasta que empiecen
a dorarse.

1 Prepara el bizcocho de vainilla, incorporando 50 g de coco deshidratado a la masa. Hornéalo y deja que se enfríe por completo.

2 Corona cada pastel con crema de mantequilla y espolvoréalo con el coco tostado.

BIZCOCHO VICTORIA CON FRUTAS DEL BOSQUE

I hornada de bizcocho de vainilla

I medida de crema de mantequilla
a la vainilla (véase la página 254)

I medida de *coulis* de frutas del bosque
o de *coulis* de ruibarbo
(véase la página 256)

100 g de frutas del bosque de verano
(grosellas rojas, grosellas negras,
moras, fresas, frambuesas, uvas
espinas… cualquier combinación
de ellas va de maravilla)

50 g de almendras laminadas tostadas
(véase la página 257)

1 Prepara el bizcocho de vainilla, hornéalo y deja que se enfríe por completo.

2 Extiende una capa fina de la crema de mantequilla sobre la base del pastel, espolvoréala con el *coulis* y añade una pizca de frutas frescas. Cúbrela con la otra capa y repite el proceso con la superficie del pastel, pero esta vez emplea un poco más de glaseado, rocíalo con el *coulis*, añade el resto de fruta y, por último, las almendras tostadas.

CANAPÉS DE BIZCOCHO Y GALLETAS BRILLANTES

I medida de bizcocho de vainilla

Un poco de crema de mantequilla
a la vainilla (véase la página 254)

I medida de galletas brillantes
(véase la página 134)

1 Prepara el bizcocho de vainilla y reparte la masa en todos los moldes que tengas de modo que cuaje con más o menos 1 cm de altura (reutiliza los moldes y hornéalos uno después del otro si es necesario).

2 Hornea los pasteles en el estante central del horno precalentado durante 10-15 minutos, o hasta que al insertar un palillo en el centro, este salga limpio. Deja que se enfríen por completo y luego utiliza un cortador de galletas para cortar círculos de cada lámina de pastel.

3 Une dos círculos de pastel poniendo un punto de crema de mantequilla en el centro de ambos y pegándolos como si fuera un pastel de capas. Dispensa otra bolita de crema de mantequilla encima y cúbrela con una galleta brillante. Sírvelos en cajas de mini cupcakes, o bien tal cual.

NOTA: Haz una remesa de galletas utilizando la receta que quieras; el pan de especias casa muy bien (véase la página 144). A continuación, utiliza el método de la página 134 para recubrirlas con purpurina comestible.

PASTEL DE CHOCOLATE AMARGO Y NARANJA

Realicé para Veuve Clicquot una versión enorme de este pastel, de muchos pisos, pintado de dorado brillante y coronado de rizos de chocolate cargados de caramelo carbonatado granulado y naranja sanguina confitada. El chocolate amargo centelleante, la naranja y el caramelo chispeante hacen que este pastel resulte delicioso con champán, pero está exquisito con casi todo.

TIEMPO DE PREPARACIÓN

20 minutos

TIEMPO DE COCCIÓN

25 minutos, más el tiempo de enfriamiento

RACIONES: 10

270 g de harina normal tamizada

130 g de azúcar superfino

1 cucharadita de bicarbonato sódico

Una pizca de sal marina

270 g de chocolate negro (mínimo 70% de masa de cacao) cortado a trozos

270 g de mantequilla sin sal cortada a dados

270 g de azúcar moreno claro

La ralladura fina de una naranja grande

4 huevos

100 ml de yogur natural

100 ml de leche entera

½ medida de láminas de chocolate con caramelo carbonatado granulado (tipo Peta Zetas) (véase la página 209)

1 medida de glaseado de ganache de chocolate (véase la página 259)

1 medida de rodajas de naranja confitada (véase la página 226)

Tres moldes redondos para pastel de 18 cm, engrasados y forrados

1 Precalienta el horno a 180 °C si es de aire (al 6 si es de gas).

2 Mezcla la harina, el azúcar superfino, el bicarbonato sódico y la sal en un cuenco y resérvalo.

3 Funde el chocolate y la mantequilla juntos en un hervidor de doble pared (véase la página 196) a fuego medio. Retíralo del fuego y deja que se enfríe a temperatura ambiente. Bate la mezcla de chocolate y mantequilla incorporándola a la mezcla de harina, y a continuación agrega el azúcar moreno y la ralladura de naranja batiendo también. A continuación, agrega los huevos de uno en uno, batiendo solo hasta incorporarlos. Por último, incorpora el yogur y la leche.

4 Divide la mezcla entre los tres moldes de pastel y nivela los bordes. Hornea durante 20-25 minutos, o hasta que al insertar un palillo en el centro, este salga limpio. Retíralos del fuego y déjalos enfriar en los moldes 10 minutos antes de voltearlos sobre una rejilla enfriadora para que se enfríen por completo.

5 Cuando los pasteles estén fríos, trasládalos uno por uno a una bandeja y extiende con una espátula una fina capa de glaseado de ganache entre cada capa: sobre la superficie y por los laterales de los pasteles, apilándolos (vierte la ganache sobre el centro del pastel y luego ves bajando por los lados y rodeando la base). Refrigera el pastel para que la ganache cuaje y luego repite el proceso con una capa de ganache más gruesa hasta cubrir uniformemente todo el pastel.

6 Corona el pastel acabado con esquirlas de chocolate y rodajas de naranja y sírvelo acompañado de la naranja y el chocolate restantes.

PASTEL DE MADEIRA CON CEREZAS Y SEMILLAS

El pastel de Madeira fue muy popular en la época eduardiana y lo hice por primera vez para un proyecto llamado Salon du Thé, *con la compañía teatral Gideon Reeling. Recreamos una gran ceremonia de té eduardiana: desde la comida y el té del menú, hasta la vestimenta de las actuaciones interactivas. Este pastel fue el plato fuerte de los pasteles en porciones.*

TIEMPO DE PREPARACIÓN

30 minutos

TIEMPO DE COCCIÓN

30 minutos

RACIONES:

180 g de mantequilla sin sal a
   temperatura ambiente

180 g de azúcar superfino

3 huevos

250 g de harina leudante tamizada

3 cucharadas de leche

75 g de mezcla de semillas
   (calabaza, sésamo, amapola)

Un puñadito de cerezas frescas sin
   hueso (unos 100 g), cortadas en
   3 rodajas cada una

Un poco de azúcar granulado
   aromatizado con té Lapsang
   Souchong (opcional: véase el consejo)

120 ml de *coulis* de frutas del bosque
   (véase la página 256) o mermelada
   de frambuesa

150 g de nata montada

150 g de azúcar glas tamizado

Un poco de zumo de limón

Un puñado de almendras fileteadas
   tostadas (opcional, véase la página 257)

Flores frescas para decorar

Dos moldes redondos de 18 cm,
   engrasados y forrados

1 Precalienta el horno a 180 °C si es de aire (al 6 si es de gas).

2 Acrema la mantequilla y el azúcar durante 4 minutos. Añade los huevos de uno en uno, batiéndolos hasta incorporarlos. Añade la harina, luego incorpora lentamente la leche (solo necesitas la cantidad justa para asegurarte de que la mezcla se desprenda lentamente de la cuchara). Agrega las semillas y las cerezas.

3 Divide la mezcla entre los dos moldes preparados y nivela los bordes. Espolvorea la superficie con un poco del azúcar infusionado con el té Lapsang, si lo usas. Hornea durante 20-25 minutos, o hasta que un palillo insertado en el centro salga limpio. Retíralos del fuego y déjalos enfriar en los moldes 10 minutos antes de voltearlos sobre una rejilla enfriadora para que se enfríen por completo.

4 Extiende sobre la capa base el *coulis* o la mermelada y dispensa por encima la nata montada con la manga pastelera. Cubre la base con la otra mitad del pastel.

5 Mezcla el azúcar glas con la cantidad de zumo de limón adecuada para conseguir una consistencia fluida para verterlo, o añade una pizca de coulis, con lo que adquirirá también un bonito tono rosado, y viértelo sobre la superficie del pastel. Decora el pastel con las almendras tostadas y adórnalo con flores frescas si lo deseas.

CONSEJO: Para aromatizar el azúcar granulado con el té Lapsang Souchong, solo tienes que dejar una bolsa de té sin usar dentro de 400-500 g de azúcar superfino durante la noche. Puedes utilizar un poco para esta receta, y luego guardar el resto en un recipiente hermético para utilizarlo en otro momento.

CÓMO BATIR NATA

NECESITARÁS:

Un cuenco frío (lo suficientemente grande
    para contener como mínimo el doble de
    volumen de la nata que vayas a batir)
Una batidora eléctrica de varillas
Nata para montar muy fría
1 cucharadita de azúcar superfino y ¼ de
    cucharadita de extracto de vainilla por
    cada 200 ml de nata (opcional)

Vierte la nata en el cuenco y bátela con cuidado y de manera uniforme, empezando a velocidad media. Asegúrate de que mueves las varillas alrededor del borde del cuenco para que todo quede bien mezclado. Cuando la nata empiece a espesar y veas un primer indicio de picos suaves, añade el azúcar y la vainilla, si los utilizas. Luego reduce a velocidad media/baja y permanece atenta: ya casi está. Sigue hasta que hayas obtenido picos muy suaves. Si utilizas una batidora eléctrica de brazo con accesorio de varillas, deberías tardar menos de 2 minutos.

PASTEL DE CEBRA

Esta es una versión de la receta del «pastel arco iris» que apareció en mi último libro, pero que utiliza la combinación clásica de bizcocho de vainilla y chocolate. Tiene un aspecto fabuloso cuando lo cortas: el efecto rayado se consigue con dos masas separadas que se colocan por capas en el molde antes de introducir el pastel en el horno.

TIEMPO DE PREPARACIÓN

25 minutos

TIEMPO DE COCCIÓN

30 minutos

RACIONES: 8

260 g de mantequilla sin sal a temperatura ambiente

420 g de azúcar superfino

4 huevos

430 g de harina normal tamizada

1 cucharada de polvos de hornear

Una pizca de sal

1 cucharadita de extracto de vainilla

240 ml de leche entera

30 g de cacao en polvo tamizado

1 medida de crema de mantequilla con chocolate o a la vainilla (véanse las páginas 254-255)

Tres moldes redondos de pastel de 15 cm, engrasados y forrados

1   Precalienta el horno a 180 °C si es de aire (al 6 si es de gas).

2   Bate la mantequilla y el azúcar hasta que conseguir una mezcla ligera y esponjosa, aproximadamente 4 minutos. Añade los huevos y bátelos primero lentamente, y luego a velocidad media, solo hasta que estén bien incorporados, raspando el cuenco tras cada incorporación. Retira la mitad de la masa y resérvala.

3   En otro cuenco, mezcla la mitad de la harina, el polvo de hornear y la sal. Añade la mitad de estos ingredientes secos a la masa (es decir, ¼ del total) y bate a velocidad media hasta incorporarlos. Añade la vainilla y la mitad de la leche, y luego el resto de los ingredientes secos. Esta es tu masa de vainilla. Resérvala.

4   Ahora limpia y seca tu cuenco mezclador e introduce en él la segunda mitad de la masa.

5   En el segundo cuenco, mezcla la mitad restante de harina, polvo de hornear y sal con el cacao en polvo. Repite el proceso, añadiendo la mitad de los ingredientes secos a la masa, luego la leche, y a continuación los ingredientes secos restantes, asegurándote de raspar bien el cuenco tras cada adición y procurando no batir en exceso. Esta es tu masa de chocolate.

6   Para hacer las rayas de cebra, vierte unas 3 cucharadas de la masa de vainilla en el centro de cada uno de los moldes preparados. Luego añade 3 cucharadas de la masa de chocolate en el centro de los moldes. La masa de vainilla se extenderá. Sigue alternando las masas, añadiéndolas siempre en el centro. Una vez hayas terminado, ¡no caigas en la tentación de nivelar la superficie ni de mezclar las capas de ningún modo!

7   Hornea durante 25-30 minutos, o hasta que al insertar un palillo en el centro, este salga limpio (o solo con unas pocas migas y sin líquido). Retira los pasteles del horno y déjalos enfriar en los moldes 10 minutos antes de voltearlos sobre una rejilla enfriadora para que se enfríen por completo.

8   Extiende la crema de mantequilla sobre las capas, únelas y extiende más crema de mantequilla por la superficie y los laterales del pastel.

PASTEL DE REMOLACHA

Hice por primera vez este pastel para alguien que tenía tantas intolerancias alimentarias que apenas podía comer nunca un pastel. Resulta realmente sabroso y no lleva mantequilla ni harina, pero aún así posee un color, una textura y un sabor maravillosos. La versión original no llevaba azúcar añadido, pero lo he adaptado ligeramente con miel y azúcar moreno para complementar la dulzura natural de la remolacha. Este pastel resulta delicioso por sí solo con la cobertura de mascarpone, o también puedes añadirle algo de azúcar glaseado si quieres. Advertencia: es un pastel para adultos.

TIEMPO DE PREPARACIÓN

40 minutos

TIEMPO DE COCCIÓN

30 minutos

RACIONES: 8-10

500 g de remolachas crudas, peladas y ralladas finas

120 ml de aceite de oliva

60 ml de zumo de naranja suave recién exprimido

80 g de raíz de jengibre pelada y rallada fina

150 g de uvas pasas

6 cucharadas de miel líquida

1 ½ cucharaditas de extracto de vainilla

La ralladura fina de 2 limones

½ cucharadita de canela molida

1 cucharadita de nuez moscada recién rallada

2 cucharaditas de polvo de hornear

360 g de polenta (puede ser polenta gruesa instantánea)

4 huevos separados

50 g de azúcar moreno claro

Fruta fresca, como frutas del bosque o rodajas de melocotón, para decorar

Un puñado de cebollino picado

PARA LA COBERTURA

400 g de mascarpone

Una pizca de jugo de remolacha para darle color (opcional)

100 g de azúcar glas tamizado (opcional)

Dos moldes redondos de pastel de 18 cm, engrasados y forrados

1   Precalienta el horno a 180 °C si es de aire (al 6 si es de gas).

2   Mezcla la remolacha, el aceite, el zumo, el jengibre, las pasas, la miel, la vainilla, la ralladura de limón y las especias en un cuenco. Mezcla el polvo de hornear y la polenta en otro cuenco y remueve bien ambos ingredientes.

3   Bate las yemas de huevo con el azúcar moreno hasta que estén cremosas y aumenten de volumen (unos 4 minutos). Incorpóralo a la mezcla de remolacha.

4   En un cuenco limpio, bate las claras de huevo hasta formar picos firmes (véase cómo hacerlo en la página 35). Agrega la polenta gradualmente a la mezcla de remolacha, y luego incorpora las claras de huevo (véase la página 35).

5   Divide la mezcla entre los dos moldes y nivela los bordes. Hornéalos durante 30-35 minutos, o hasta que al insertar un palillo en el centro, este salga limpio. Retira los pasteles del horno y deja que se enfríen en los moldes 10 minutos antes de voltearlos sobre una rejilla enfriadora para que se enfríen por completo.

6   Bate el zumo de remolacha y el azúcar glas con el mascarpone, si lo utilizas. Extiende el glaseado sobre las capas de pastel, luego añade la fruta, une las dos capas y espolvorea la superficie con el cebollino picado.

CONSEJO: Si es posible, utiliza un procesador de alimentos con un accesorio rallador para rallar la remolacha. Puedes hacerlo manualmente, pero es un trabajo duro, y ten en cuenta que la remolacha te teñirá las manos.

PASTEL SIN HARINA DE GALLETAS OREO

Este pastel nació a raíz de la llamada de un cliente para encargar un pastel de galletas Oreo sin gluten. Una ligera barrera lingüística sumada a las interferencias de la línea telefónica me impidieron explicarle que las Oreos en realidad contienen gluten. Al final me di por vencida, fui a la cocina y me inventé este pastel. El cacao en polvo combinado con el color negro y la textura crujiente de las semillas de amapola constituyeron una textura y un sabor de galletas Oreo bastante convincente, especialmente si se le añade una pizca de crema de mantequilla a la vainilla. Esta receta sirve también para hacer una docena de pastelitos.

TIEMPO DE PREPARACIÓN

25 minutos

TIEMPO DE COCCIÓN

30 minutos

RACIONES: 8

130 g de mantequilla sin sal
   a temperatura ambiente

140 g de azúcar moreno claro

4 huevos separados

150 g de semillas de amapola
   negra/azul

130 g de almendras molidas

40 g de cacao en polvo tamizado

Una pizca de sal

1 cucharadita de polvo de hornear

300 g de crema de mantequilla a
   la vainilla (véase la página 254)

20 g de chocolate negro, picado
   toscamente (opcional)

Un molde redondo de pastel de 23 cm,
engrasado y forrado

1 Precalienta el horno a 180 °C si es de aire (al 6 si es de gas).

2 Bate la mantequilla y el azúcar hasta conseguir una mezcla ligera y esponjosa (unos 4 minutos) Añade las yemas de huevo gradualmente y mézclalas hasta incorporarlas.

3 Mezcla las semillas de amapola, la almendra molida, el cacao, la sal y el polvo de hornear en otro cuenco.

4 Bate las claras de huevo en un cuenco muy limpio, primero a baja velocidad, luego a velocidad media, y por último, a velocidad alta, hasta formar picos firmes (véase la página 35).

5 Vierte a mano la mitad de la mezcla de semillas de amapola sobre la masa, y luego incorpora la mitad de las claras de huevo montadas, el resto de la mezcla de semillas de amapola, y por último, las claras de huevo restantes. Utiliza la técnica del movimiento envolvente para incorporar todo (véase la página 35), añadiendo los ingredientes suavemente con una cuchara de metal o una espátula y procurando no eliminar demasiado el aire de las claras de huevo. No te preocupes si aún quedan franjas o manchas blancas: solo intenta incorporar todo de tal modo que esté más o menos bien distribuido.

6 Traslada la mezcla al molde preparado y nivela los bordes. Hornea durante 25-30 minutos hasta que haya subido y esté firme. Presiona suavemente la superficie del pastel con la punta de los dedos para ver si está bien cocido. Retíralo del horno y déjalo enfriar 10 minutos antes de voltearlo sobre una rejilla enfriadora para que se enfríe por completo.

7 Una vez frío, extiende la crema de mantequilla encima y espolvoréalo con un poco de chocolate negro picado toscamente, si quieres.

PASTEL DE ZANAHORIA DE VERANO

Puedes cambiar las especias y la fruta según la estación del año. El verano es cítrico, con fruta de la pasión y una ligera cobertura de queso crema.

TIEMPO DE PREPARACIÓN
30 minutos

TIEMPO DE COCCIÓN
20 minutos

RACIONES: 8

175 ml de miel líquida

75 ml de agua

120 ml de batido espeso de mango o cítricos

125 g de mantequilla sin sal

250 g de zanahorias orgánicas peladas, cortadas y ralladas

90 g de pasas o de dátiles sin hueso y picados, o una mezcla de ambos

La pulpa de dos frutas de la pasión

El zumo y la ralladura fina de una naranja

Una pizca de canela

225 g de harina de espelta integral tamizada

2 cucharaditas de bicarbonato sódico

100 g de frutos secos (nueces o nueces pecán) tostados (véase la página 257) y partidos en trozos

½ medida de cobertura de queso crema (véase la página 255)

50 g de almendras laminadas tostadas para adornar

La pulpa de 2 frutas de la pasión

Una pizca de coco deshidratado

Dos moldes redondos para pastel de 18 cm, engrasados y forrados

1 Precalienta el horno a 180 °C si es de aire (al 6 si es de gas).

2 Calienta la miel, el agua, el batido o el brandy, la mantequilla, la mezcla de zanahoria, la fruta seca y la fruta fresca, la ralladura y el zumo de naranja y las especias en la olla, removiendo suavemente para deshacer la mantequilla. Lleva a ebullición y deja hervir durante 6 minutos. Saca la mezcla del fuego, retira los clavos, si los hubiere, y déjalo enfriar por completo a temperatura ambiente. Trasládalo a otro cuenco para acelerar el proceso.

3 Mientras tanto, mezcla en un cuenco la harina y el bicarbonato sódico e incorpora los frutos secos picados.

PASTEL DE ZANAHORIA DE INVIERNO

El invierno es un montón de nuez moscada, cardamomo, brandy y frutos secos.

TIEMPO DE PREPARACIÓN
30 minutos
TIEMPO DE COCCIÓN
20 minutos
RACIONES: 8

175 ml de miel líquida

75 ml de agua

120 ml de brandy

125 g de mantequilla sin sal

250 g de cualquier mezcla de
    zanahorias, chirivías, remolachas o
    boniatos, rallados

90 g de pasas o de dátiles sin hueso
    y picados, o una mezcla de ambos

El zumo y la ralladura fina de una
    naranja

Una pizca de canela

¼ de nuez moscada recién rallada

Las semillas de 4 vainas de cardamomo
    picadas

4 clavos

225 g de harina de espelta integral
    tamizada

2 cucharaditas de bicarbonato sódico

100 g de frutos secos (nueces o nueces
    pecán) tostados (véase la página 257)
    y partidos en trozos

½ medida de cobertura de queso
    crema (véase la página 255)

Más frutos secos tostados para adornar

Chips de remolacha (véase la página 71)

Dos moldes redondos para pastel de
    18 cm, engrasados y forrados

4 Incorpora la mezcla húmeda a la mezcla seca. Divide la mezcla entre los dos moldes preparados y nivela los bordes. Hornea los pasteles durante 20 minutos, o bien hasta que estén dorados y al introducir un palillo, este salga limpio. Retíralos del horno y déjalos enfriar en los moldes 10 minutos antes de voltearlos sobre una rejilla enfriadora para que se enfríen por completo.

5 Une las dos capas de pastel con la cobertura de queso crema (añade una cucharadita de brandy a la versión invernal). Extiende una capa en la superficie del pastel y espolvoréala con los frutos secos tostados o con cualquier otro adorno que quieras.

PASTEL DE MANZANA Y ROMERO AL ACEITE DE OLIVA

Este es un pastel perfecto para cada día; es muy jugoso y tiene un fuerte y extraordinario sabor gracias a las especias, el azúcar moreno, las manzanas y el romero. Está más bueno un día o dos después de hacerlo, cuando las especias y los sabores se han desarrollado plenamente. Está delicioso servido caliente y acompañado de helado de vainilla (véase la página 24), o bien con café, a temperatura ambiente.

La repostería con aceite de oliva posee una tradición de siglos y es muy popular en la cocina mediterránea. Aporta a los pasteles una textura ligera y a menudo puede sustituirse por la mantequilla u otros aceites. Lo mejor es utilizar un aceite virgen extra de baja intensidad y sabor sutil.

TIEMPO DE PREPARACIÓN
20 minutos

TIEMPO DE COCCIÓN
35 minutos

RACIONES: 8

190 g de harina blanca normal

⅓ de cucharadita de nuez moscada recién rallada

⅓ de cucharadita de canela molida

1 cucharadita de polvo de hornear

85 g de mantequilla sin sal a temperatura ambiente

85 g de azúcar moreno oscuro, y un poco más para espolvorear

2 huevos

1 ½ cucharadas de aceite de oliva

240 g de manzanas para cocer tipo Bramley, peladas, descorazonadas y troceadas muy finas

½ cucharadita de hojas de romero frescas, picadas finas

2-3 rodajas de manzana tipo Bramley

2 ramitas de romero fresco para decorar

Un molde redondo para pasteles de 23 cm, engrasado y forrado

1. Precalienta el horno a 180 °C si es de aire (al 6 si es de gas).

2. Mezcla la harina, las especias y el polvo de hornear procurando que se combinen uniformemente. Reserva la mezcla.

3. Bate la mantequilla y el azúcar hasta obtener una mezcla ligera y esponjosa (unos 4 minutos). Incorpora los huevos batiendo, luego añade el aceite y bate para incorporarlo. Agrega la manzana troceada y el romero picado, y a continuación incorpora los ingredientes secos.

4. Vierte la mezcla en el molde preparado, nivela los bordes y coloca las rodajas de manzana encima. Recubre la superficie del pastel con una capa fina de azúcar moreno. Sumerge las ramitas de romero en agua fría, espolvoréalas con azúcar moreno y luego presiónalas sobre la superficie del pastel.

5. Hornea durante 30-35 minutos, o hasta que el centro esté firme y al insertar un palillo, este salga limpio. Retíralo del horno y déjalo enfriar en el molde 10 minutos antes de voltearlo sobre una rejilla para que se enfríe por completo, o bien sírvelo caliente.

PASTEL DE CHOCOLATE Y AGUACATE

Este es un pastel jugoso, suculento y muy achocolatado. El aguacate sustituye a la mantequilla haciendo las veces de grasa en la cobertura, pero no para conseguir un pastel más sano, sino por su exquisito sabor y su textura cremosa. Coronado con nueces tostadas y virutas de chocolate negro, este pastel posee un sabor extraordinario, poco habitual, y contiene algunas grasas saludables, lo cual también es un plus.

TIEMPO DE PREPARACIÓN
30 minutos

TIEMPO DE COCCIÓN
25 minutos

RACIONES: 8

200 g de chocolate negro (mínimo 70%
    de masa de cacao) cortado a trozos
1 cucharadita de café exprés en polvo
200 g de harina normal tamizada
2 cucharaditas de bicarbonato sódico
Una pizca de sal
200 g de mantequilla sin sal
    a temperatura ambiente
300 g de azúcar moreno oscuro
4 huevos grandes
100 ml de yogur natural

PARA LA COBERTURA

La pulpa de un aguacate tipo Hass
    maduro, sin trozos marrones
    (150 g de pulpa)
¾ de cucharadita de zumo de limón
250 g de azúcar glas tamizado
Un poco más de chocolate para
    espolvorear, hecho virutas con
    un rallador
30 g de nueces tostadas
    (véase la página 257)

Dos moldes redondos para pastel de
    18 cm, engrasados y forrados

1 Precalienta el horno a 180 °C si es de aire (al 6 si es de gas).

2 Funde con cuidado el chocolate en un hervidor de doble pared junto con el café exprés en polvo. Retíralo del fuego y déjalo enfriar. Mezcla la harina, el bicarbonato sódico y la sal en un cuenco y resérvalo.

3 Bate la mantequilla y el azúcar hasta obtener una mezcla ligera y esponjosa (unos 4 minutos). Agrega los huevos de uno en uno, batiéndolos solo hasta que estén bien incorporados. Incorpora la mitad de la mezcla de harina, luego el yogur, y a continuación la harina restante. Por último, añade el chocolate fundido frío, solo hasta que esté bien mezclado.

4 Divide la mezcla entre los dos moldes y nivela los bordes. Hornea durante 20-25 minutos, o hasta que al insertar un palillo, este salga limpio. Retira los pasteles del horno y déjalos enfriar en los moldes 10 minutos antes de voltearlos sobre una rejilla enfriadora para que se enfríen por completo.

5 Mientras tanto, haz la cobertura. Con un procesador de alimentos, mezcla el aguacate y el zumo de limón hasta obtener una textura suave, eliminando todos los grumos. Incorpora lentamente el azúcar glas, aumentando la velocidad de la mezcladora a medida que vas avanzando (puedes añadir más o menos azúcar hasta conseguir la consistencia y el sabor que quieras). La consistencia del glaseado variará enormemente en función de la madurez del aguacate que utilices, así que tendrás que ir probando hasta obtener la consistencia y el sabor que te parezcan satisfactorios. Si el glaseado aún está muy líquido y no quieres añadir más azúcar, puedes guardarlo en la nevera para que se vuelva más sólido.

6 Extiende la cobertura sobre los pasteles fríos. Espolvorea la superficie con las virutas de chocolate y corónala con las nueces tostadas frías.

PASTEL DE LLUVIA DE MARGARITA

Soy una gran fan de los margaritas, así que solo era cuestión de tiempo que acabara creando un pastel basado en el famoso cóctel. Este pastel está más bueno recién hecho.

TIEMPO DE PREPARACIÓN
35 minutos
TIEMPO DE COCCIÓN
30 minutos
RACIONES: 8-10

450 g de harina normal tamizada

1 cucharada de polvo de hornear

½ cucharadita de sal

120 g de mantequilla sin sal
a temperatura ambiente

300 g de azúcar superfino

La ralladura fina de 2 limas

4 huevos grandes

300 ml de leche entera

1 medida de rodajas de lima confitadas
(véase la página 226) con 50 ml de
tequila añadida a la olla de las limas

PARA EL ALMÍBAR

225 ml de agua

375 g de azúcar superfino

300 ml de tequila

El zumo de 5 limas
(aproximadamente 100 ml)

Tres moldes redondos para pastel de
18 cm, engrasados y forrados

1 Precalienta el horno a 180 °C si es de aire (al 6 si es de gas).

2 Mezcla la harina, el polvo de hornear y la sal y resérvalo.

3 Bate la mantequilla y el azúcar hasta obtener una mezcla ligera y esponjosa (unos 4 minutos). Incorpora la ralladura de lima batiendo un poco. A continuación agrega gradualmente los huevos, batiendo solo hasta incorporarlos. Si la mezcla empieza a disgregarse, puedes añadir una cucharada de harina para volver a unirla. A continuación, añade la mitad de la mezcla seca y bate para mezclar todo, luego añade la leche, y por último, el resto de la mezcla seca. Bate todo durante 1-2 minutos.

4 Divide la mezcla entre los tres moldes y nivela los bordes. Hornea durante 25-30 minutos, o hasta que esté firme al tacto y al insertar un palillo en el centro, este salga limpio. Retira los pasteles del horno y déjalos enfriar en los moldes 10 minutos, luego voltéalos sobre una rejilla enfriadora situada sobre una bandeja de hornear y pincha toda la superficie de cada pastel con un palillo.

5 Entretanto puedes hacer el almíbar. Calienta el agua, el azúcar, 150 ml del tequila y el zumo de lima en una olla de tamaño medio de fondo grueso a fuego alto, removiendo continuamente durante 15 minutos hasta obtener un almíbar espeso y que empiece a dorarse. Sube el fuego por un momento para que la mezcla burbujee antes de apagarlo. Vierte el tequila restante

6 Mientras el almíbar aún esté caliente, pero no hirviendo, espolvoréalo por encima de cada pastel caliente, de modo que la bandeja de hornear recoja el almíbar sobrante. Asegúrate de cubrir todos los lados y de guardar un poquito para servir de acompañamiento con el pastel. Deja que los pasteles absorban el almíbar, y luego vuelve a rociarlos con el almíbar sobrante otra vez.

7 Una vez fríos, apila los pasteles, corona la superficie con las rodajas de lima confitadas y sirve el pastel rociando un poquito de almíbar sobre cada porción.

PASTEL DE CERVEZA PORTER

Nuestra panadería se encuentra más arriba de la calle de la cervecería Truman, el lugar de origen de la cerveza porter, denominada así por ser muy popular en la época de los porteadores que trabajaban en las calles de Londres que bordean el río Támesis. Se utilizó mucho para hacer repostería victoriana, puesto que el alcohol conservaba el pastel, aportándole un sabor intenso y sabroso. A lo largo de los años, la cerveza porter fue perdiendo popularidad, pero ha experimentado cierto renacimiento en los últimos tiempos, y ahora existen algunas nuevas cervezas de este tipo bastante buenas. Si no puedes conseguir ningún tipo de cerveza porter, puedes sustituirla por Guinness.

TIEMPO DE PREPARACIÓN
45 minutos
TIEMPO DE COOCIÓN
45 minutos
RACIONES: 8

230 g mantequilla sin sal a dados
290 g de frutos secos (uvas pasas, pasas sultanas, dátiles sin hueso picados)
El zumo y la ralladura fina de 1 naranja
160 g de azúcar moreno oscuro
280 ml de cerveza porter
2 huevos
2 yemas de huevo
260 g de harina normal tamizada
½ cucharadita de nuez moscada recién rallada
1 cucharadita de mezcla de especias
1 cucharadita de polvo de hornear
60 g de almendras fileteadas

PARA EL ALMÍBAR DE CERVEZA PORTER
150 ml de cerveza porter
100 g de azúcar moreno oscuro

Un molde alargado de 20 x 12 cm
    y 8 cm de profundidad, engrasado
    y forrado

1   Precalienta el horno a 160 °C si es de aire (al 4 si es de gas).

2   Coloca la mantequilla, la fruta seca, el zumo y la ralladura de naranja, el azúcar y la cerveza porter en una olla de fondo grueso a fuego medio y llévalo a ebullición lentamente, removiendo suavemente hasta que la mantequilla se funda y el azúcar se licúe. Reduce a fuego bajo y déjalo cocer unos 15 minutos. A continuación, retíralo del fuego y déjalo enfriar 15 minutos más.

3   Bate los huevos y las yemas de huevo juntos ligeramente y viértelos en la olla. Mezcla en un cuenco la harina, las especias y el polvo de hornear antes de añadirlos a la olla, removiendo para que se mezcle todo uniformemente.

4   Transfiere la masa en el molde, nivela los bordes y espolvorea la superficie con las almendras. Hornea durante 40-50 minutos, o bien hasta que al insertar un palillo en el centro, este salga limpio. Retíralo del horno y deja que el pastel se enfríe en el molde 15 minutos. Luego sácalo cuidadosamente del molde y déjalo reposar sobre una rejilla enfriadora, sin despegar el papel de hornear, hasta que se enfríe por completo.

5   Entre tanto, haz el almíbar. Calienta la cerveza porter y el azúcar en una olla mediana de fondo grueso a fuego bajo hasta que el azúcar se haya disuelto, luego llévalo a ebullición y déjalo cocer a fuego fuerte durante 6-7 minutos, o hasta que esté brillante y espeso.

6   Pincha toda la superficie del pastel con un palillo y luego utiliza un pincel de repostería para cubrir todo el pastel con el almíbar aún caliente, dando unas pinceladas extra en los agujeros.

PASTEL DE CHOCOLATE SENCILLO Y EXQUISITO

Esta receta me ha acompañado durante años: es una receta sencilla y fiable, la mar de suculenta y placentera. Resulta estupenda cubierta de cobertura de vainilla o chocolate y acompañada de fruta fresca o frutos secos. Si alguna vez este pastel te queda accidentalmente un poco crudo, nada más sacarlo del horno, cuando nadie esté mirando, cómetelo enseguida con helado de vainilla (véase la página 24) o con nata.

TIEMPO DE PREPARACIÓN
25 minutos
TIEMPO DE COCCIÓN
35 minutos
RACIONES: 8-10

230 g de mantequilla sin sal a temperatura ambiente
550 g de azúcar superfino
4 huevos
2 cucharaditas de extracto de vainilla
420 g harina normal tamizada
90 g de cacao en polvo tamizado
1 cucharadita de sal
1 cucharadita de bicarbonato sódico
380 ml de nata agria
250 ml de café cargado frío
1 medida de crema de mantequilla con chocolate o a la vainilla (véanse las páginas 254-255)
Un poco de chocolate negro picado y frutos secos tostados, o bien frutas del bosque frescas y coco deshidratado, para decorar

Dos moldes redondos para pastel de 23 cm, engrasados y forrados

1 Precalienta el horno a 180 °C si es de aire (al 6 si es de gas).

2 Acrema la mantequilla y el azúcar hasta obtener una mezcla muy ligera y esponjosa (unos 4 minutos). Luego agrega los huevos y la vainilla y bate a velocidad baja, aumentando gradualmente la velocidad hasta que esté todo incorporado de forma homogénea.

3 Mezcla los tres ingredientes secos en un cuenco. Añade la mitad de la masa, luego la crema agria y a continuación el resto de ingredientes secos, sin dejar de batir al mínimo.

4 Una vez consigas una masa suave y uniforme, añade gradualmente el café. La mezcla se humedecerá mucho, así que bátela lentamente para incorporarlo bien.

5 Divide la mezcla entre los dos moldes y nivela los bordes. Hornea durante 30-35 minutos, o hasta que al insertar un palillo en el centro, este salga limpio. Retira los pasteles del horno y déjalos enfriar en los moldes 10 minutos antes de voltearlos sobre una rejilla enfriadora y dejar que se enfríen por completo.

6 Extiende la crema de mantequilla sobre la capa de base, une las dos capas y extiende más crema de mantequilla en la superficie. Si utilizas crema de mantequilla con chocolate, espolvoréala con el chocolate negro picado y los frutos secos tostados. Si utilizas crema de mantequilla a la vainilla, cúbrela con coco deshidratado y frutas del bosque frescas.

CONSEJO: Si no puedes encontrar en ningún sitio crema agria, puede sustituirla por yogur natural entero.

PASTEL DE PERA, CHIRIVÍA Y JENGIBRE

Los tubérculos a menudo son ignorados en la repostería. La remolacha, la chirivía y el boniato poseen una agradable textura al hornearse, y tanto dulzor natural como las zanahorias. La chirivía es sutilmente mantecosa, y combinada con la pera y el jengibre, constituyen un delicioso pastel, jugoso y de exquisito sabor, con el sabor de la chirivía como nota especiada de fondo. Los chips de pera requieren algo de planificación, así que hornéalos con antelación si los quieres utilizar. Este pastel está más bueno el día después de hornearlo, cuando se han desarrollado todos los aromas.

TIEMPO DE PREPARACIÓN

30 minutos

TIEMPO DE COCCIÓN

1 ½ horas

RACIONES: 8

250 g de una mezcla de peras, peladas
    y descorazonadas, y chirivías,
    ralladas

100 g de uvas pasas

20 g de jengibre fresco, pelado
    y rallado fino

El zumo y la ralladura fina de 1 limón

150 g de harina normal, o bien harina
    integral de espelta tamizada

¾ de cucharadita de nuez moscada
    recién rallada al gusto

1 cucharadita de polvo de hornear

150 g de almendras o avellanas molidas

3 huevos

150 g de azúcar moreno claro, y un
    poco más para la cobertura

125 ml de aceite de oliva

½ medida de cobertura de queso
    crema (véase la página 255)

50 g de avellanas tostadas
    (véase la página 257)

Un molde redondo para pastel
    de 23 cm, engrasado y forrado

1 Precalienta el horno a 180 °C si es de aire (al 6 si es de gas).

2 Utiliza papel de cocina para absorber el exceso de humedad de las frutas y las verduras ralladas, luego introdúcelas en un cuenco con las uvas pasas, el jengibre, el zumo y la ralladura de limón y mézclalo todo.

3 En otro cuenco, mezcla la harina, la nuez moscada, el polvo de hornear y las almendras o las avellanas molidas, y resérvalo.

4 Bate los huevos y el azúcar hasta dejarlos muy ligeros y aireados (unos 5 minutos a velocidad alta), y a continuación añade el aceite, batiendo para incorporarlo. Bate 2 minutos más antes de incorporar primero la mezcla de harina y luego la mezcla de peras y chirivías. Traslada la mezcla al molde preparado y nivela los bordes.

5 Hornea el pastel durante 30 minutos, o hasta que al sacar un palillo insertado en el centro, este salga con apenas unas migas. Retira el pastel del horno y déjalo enfriar en el molde 10 minutos antes de voltearlo sobre una rejilla enfriadora para que se enfríe por completo.

6 Extiende la cobertura de queso crema sobre la superficie del pastel frío, y corónalo con las avellanas tostadas picadas y los chips de pera.

PARA LOS CHIPS DE PERA

120 ml de agua

1 cucharada de azúcar superfino

Un chorrito de zumo de limón

1 pera grande bastante firme,
    descorazonada y a rodajas finas

Una bandeja de hornear, engrasada
    y forrada

Precalienta el horno a 110 °C si es de aire (al 1/2 si es de gas). Lleva a ebullición el agua con el azúcar y el zumo de limón en una olla de fondo grueso. Apaga el fuego y sigue removiendo hasta que el azúcar se haya disuelto. Sumerge las rodajas de pera en el agua azucarada, colócalas sobre la bandeja de hornear y hornéalas de 30 minutos a 1 hora, o hasta que se hayan secado. ¡Evita la tentación de comerlas todas antes de decorar tu pastel! Puedes hacer chips con otras frutas y verduras: solo tienes que ajustar el tiempo de horneado según convenga.

RED VELVET

El pastel Red Velvet es una receta tradicional sureña que durante mucho tiempo ha sido «el pastel favorito de Estados Unidos». Este bizcocho rojo, gracias a la acidez del cacao en polvo natural y el suero de leche, al reaccionar con el bicarbonato sódico produce un tono rojizo característico, y probablemente sea también el origen del nombre del «pastel del demonio». La mayoría de las recetas requieren colorante alimentario para obtener un rojo intenso, pero hay quienes utilizan jugo de remolacha para obtener un color más natural. Tanto si le pones colorante como si no, este es un pastel extraordinariamente denso y jugoso, con un sutil sabor de chocolate que no resulta demasiado dulce.

TIEMPO DE PREPARACIÓN

40 minutos

TIEMPO DE COCCIÓN

25 minutos

RACIONES: 8

115 g de mantequilla sin sal
  a temperatura ambiente

280 g de azúcar superfino

2 huevos

1 ½ cucharadas de colorante
  alimentario líquido rojo
  (Dr Oetker es una buena opción)

325 g de harina normal tamizada

30 g de cacao en polvo tamizado

250 ml de suero de leche

1 cucharadita de bicarbonato sódico

1 cucharadita de vinagre de manzana

Dos moldes redondos para pastel de
  18 cm, engrasados y forrados, o
  bien 15 moldes para *cupcake* en
  una bandeja

1   Precalienta el horno a 180 °C si es de aire (al 6 si es de gas).

2   Acrema la mantequilla y el azúcar hasta obtener una mezcla ligera y esponjosa, empezando a velocidad media y aumentando hasta velocidad alta: la mezcla debería tener un aspecto pálido y aumentar de volumen (unos 4 minutos). Añade los huevos gradualmente, y luego el colorante alimentario, batiendo solo hasta incorporarlo.

3   Tamiza juntos la harina y el cacao y añade la mitad de la masa, batiendo hasta incorporarla uniformemente y asegurándote de raspar las paredes del recipiente. Luego incorpora batiendo el suero de leche, y por último, la segunda mitad de los ingredientes secos.

4   En un cuenco pequeño y con la ayuda de una espátula limpia o una cucharilla, mezcla el bicarbonato sódico y el vinagre de manzana (burbujeará) e incorpóralo inmediatamente a la masa. No utilices la mezcladora, incorpóralo a mano con una espátula mediante movimientos envolventes.

5   Divide la mezcla entre los dos moldes preparados y nivela los bordes. Hornea durante 20-25 minutos, o hasta que al insertar un palillo en el centro, este salga limpio. Retira los pasteles del horno y déjalos enfriar en los moldes 10 minutos antes de voltearlos sobre una rejilla enfriadora para que se enfríen por completo.

CONSEJO: Si no tienes suero de leche, puedes conseguir un sustituto bastante digno añadiendo una cucharadita de zumo de limón a 250 ml de leche entera. Solo tienes que procurar volverlo a medir antes de añadirlo a la masa.

CANAPÉS DE MINIPASTELES DE CAPAS

1   Haz una medida de la masa de pastel Red Velvet (véase la página 72). reparte la masa en todos los moldes que tengas de modo que cuaje con más o menos 1 cm de altura (reutiliza los moldes y hornéalos uno después del otro si es necesario). Hornea los pasteles en el estante medio del horno precalentado a 180 °C si es de aire (al 6 si es de gas) durante 15 minutos, o hasta que un palillo insertado en el centro salga limpio.

2   Deja que se enfríen por completo y luego utiliza un cortador de galletas de 5 cm (o del tamaño que prefieras) para cortar círculos de cada lámina de pastel.

3   Une dos círculos de pastel colocando un punto de glaseado de queso crema (teñido con unas gotas de colorante alimentario si lo deseas) en el centro de ambos círculos y pégalos como si fueran un pastel de capas. Dispensa otro punto de glaseado encima y cúbrelo con una baya, una esquirla de chocolate (véase la página 209), frutos secos tostados o lo que quieras.

PASTEL DE CAPAS RED VELVET

Haz una medida de la masa de pastel Red Velvet (véase la página 72) y una medida de cobertura de queso crema (véase la página 255). Extiende la cobertura entre las dos capas y en la superficie del pastel. Decora el pastel como quieras: prueba con un puñadito de coco deshidratado, bayas rojas frescas, almendras fileteadas, o bien chocolate negro picado toscamente.

CORAZONES SANGRANTES

Hice por primera vez estos corazones para mi libro anterior (sobre decoración de pasteles de temática zombi, inspirado en las películas de serie B) y los hicimos estallar el día de San Valentín. Saturada con encargos de todo el mundo, confeccioné cientos de estos pequeños corazones sangrantes, pero como no podía enviarlos fuera de Londres, decidí compartir la receta en mi blog. En realidad son muy sencillos de hacer: solo tienes que seleccionar la imagen que desees copiar y tenerla delante mientras estés trabajando con el fondant.

1 hornada de cupcakes Red Velvet
(véase la página 72)

75 g de fondant rojo por *cupcake*

Un poco de crema de mantequilla a la vainilla (véase la página 254) o de glaseado de queso crema
(véase la página 255)

Un tubo de gel para decorar transparente
(el gel transparente empleado para decorar pasteles, que aporta un acabado brillante)

Colorante alimentario rojo (opcionalmente también de color negro, pero es importante que sea en gel y no líquido)

1 medida de *coulis* de frutas del bosque
(véase la página 256)

1 Utiliza 75 g de fondant para cada corazón sangrante: extiéndelo formando un óvalo de unos 0,5 cm de grosor, más o menos de 20 x 10 cm (un rodillo pequeño y una lámina de silicona te ayudarán a evitar que se pegue, o bien puedes usar azúcar glas). Coloca uno de los *cupcake* en el centro del óvalo y añade un poquito de crema de mantequilla o glaseado para que no se mueva. Envuelve el pastelito con el fondant por ambos extremos, doblándolos hacia dentro en la parte frontal del pastel, luego dobla la parte inferior, cortando el exceso, y utiliza el fondant extra para formar las arterias en la parte superior. No te preocupes si se forman arrugas o bultos en el fondant: después te servirán para hacer unos fabulosos detalles gore.

2 En un cuenco pequeño, mezcla una cucharada de gel para decorar transparente con algunas gotas de colorante alimentario rojo (y negro, si quieres). Luego pinta todo el corazón de fondant utilizando un pincel suave: quedará realmente brillante.

3 Si ya estás a punto de servirlos, utiliza una pipeta o una cuchara para añadir *coulis* «sanguinolento» a las arterias, haz un charquito alrededor de la base y prepárate para devorar tu corazón.

PASTEL DE CHOCOLATE SIN HARINA
PARA DESPUÉS DE CENAR

Este es un postre sencillo y clásico, una buena opción para hacer prácticas, y perfecta para presumir en una cena en casa. He hecho muchas variantes de este pastel y su receta es mi favorita con diferencia. Si quieres hacer un postre aún más sencillo, rápido y todoterreno, solo tienes que batir los huevos enteros. Si no quieres utilizar semillas de cacao troceadas, prueba con pistachos, o espolvorea el pastel acabado con cacao o azúcar glas. Está delicioso servido caliente o frío con helado, nata, o bayas frescas.

TIEMPO DE PREPARACIÓN
25 minutos

TIEMPO DE COCCIÓN
25 minutos

RACIONES: 8-10

300 g de chocolate negro (mínimo
  70% de masa de cacao) cortado
  a trozos

1 cucharadita de café expreso en polvo
  (opcional)

200 g de mantequilla sin sal cortada
  a dados

6 huevos separados

100 g de azúcar moreno,
  preferentemente oscuro

½ cucharadita de extracto de vainilla

Una buena pizca de sal marina

1 cucharadita de polvo de hornear

5 cucharadas de polvo de cacao
  tamizado

Un puñado de semillas de cacao
  troceadas (opcional)

Un molde para pasteles redondo
  de 23 cm, engrasado y forrado

1 Precalienta el horno a 180 °C si es de aire (al 6 si es de gas).

2 En un hervidor de doble pared (véase la página 196), funde el chocolate, el café expreso y la mantequilla. Luego retíralo del fuego y resérvalo.

3 En un cuenco grande, bate las yemas de huevo y el azúcar a velocidad alta durante 5 minutos, hasta obtener una mezcla amarilla y cremosa. A continuación, añade la vainilla y la sal.

4 En un cuenco limpio y seco, bate las claras de huevo junto con el polvo de hornear, empezando a velocidad baja y aumentando la velocidad suavemente hasta formar picos firmes (véase la página 35).

5 Vierte la mezcla de chocolate sobre la mezcla de yemas, y a continuación agrega el cacao. Seguidamente agrega una pequeña cucharada de las claras montadas. Una vez mezclada, agrega suavemente con movimientos envolventes las claras restantes en dos tandas, solo hasta incorporarlas (véase la página 35 para obtener consejos sobre cómo incorporar las claras).

6 Transfiere la masa al molde preparado, nivela los bordes y espolvorea las semillas de cacao troceadas por encima de la masa, si las utilizas. Hornea durante aproximadamente 25 minutos (el centro debería bambolearse ligeramente al sacudir el molde suavemente, como un *brownie*). Retira el pastel del horno y déjalo enfriar en el molde 10 minutos antes de voltearlo sobre una rejilla enfriadora para que se enfríe por completo.

PASTEL AL REVÉS DE PIÑA Y AVELLANA

El pastel al revés de piña es uno de esos desafortunados postres sobreexplotados en la Inglaterra de la posguerra, elaborado hasta el cansancio con fruta enlatada, cerezas confitadas e ingredientes básicos. Esta versión añade algunos frutos secos, especias y coco, y lo devuelve a la vida mediante fruta fresca y una masa jugosa. Si prefieres un pastel al revés más similar a un budín, puedes hornearlo en un cuenco de metal de 2 litros. Solo tendrás que doblar las cantidades y seguir el método que aparece a continuación.

TIEMPO DE PREPARACIÓN
25 minutos

TIEMPO DE COCCIÓN
55 minutos

RACIONES: 8

30 g de azúcar moreno claro, para espolvorear

1 piña mediana, pelada y cortada en rodajas de 4 mm de grosor (unos 200 g de fruta)

200 g de mantequilla sin sal a temperatura ambiente

150 g de azúcar superfino

4 huevos separados

4 cucharadas de zumo de piña

160 g de harina de espelta integral tamizada

Una buena pizca de sal

½ cucharadita de polvo de hornear

3 cucharadas de coco deshidratado

1 cucharadita de nuez moscada recién rallada

½ cucharadita de mezcla de especias

150 g de avellanas blanqueadas y picadas 30 segundos en un procesador de alimentos

Cerezas frescas, coco deshidratado, o bien avellanas tostadas y picadas para decorar

Un molde redondo para pasteles de 23 cm de diámetro y 5-8 cm de profundidad, engrasado (¡NO utilices uno de base desmontable!)

1 Precalienta el horno a 160 °C si es de aire (al 4 si es de gas).

2 Espolvorea la base del molde bien engrasado con azúcar moreno y cúbrela con las rodajas de piña.

3 Bate la mantequilla y el azúcar hasta obtener una mezcla ligera y esponjosa (unos 4 minutos). Incorpora las yemas de huevo batiendo gradualmente y 3 cucharadas del zumo, seguido de la harina, la sal, el polvo de hornear, el coco deshidratado, las especias y las avellanas picadas. A continuación, agrega el zumo restante.

4 En un cuenco limpio, bate las claras de huevo hasta formar picos firmes (véase la página 35). Incorpora cuidadosamente las claras de huevo a la masa, en tres tandas (véase la página 35).

5 Transfiere la masa al molde preparado, nivela los bordes y hornea el pastel durante 35-45 minutos, o hasta que al insertar un palillo en el centro, este salga limpio. NOTA: si estás haciendo un pastel más grande, necesitarás hornearlo durante más tiempo. Si la masa está empezando a dorarse en la superficie pero aún necesita más tiempo de horneado, puedes recubrirla con una hoja de papel de hornear o de papel de aluminio

6 Retira el pastel del horno y deja que se enfríe en el molde por completo antes de voltearlo con cuidado sobre una bandeja. Espolvoréalo con coco deshidratado, cerezas frescas, o avellanas tostadas y picadas toscamente.

PASTEL SIN GLUTEN DE ZANAHORIA Y CALABACÍN

Un delicioso pastel para el verano, con verduras y de textura y sabor frescos.
Experimenta añadiendo diferentes semillas, ralladura de cítricos, frutos secos y especias.

TIEMPO DE PREPARACIÓN
40 minutos
TIEMPO DE COCCIÓN
40 minutos
RACIONES: 8-10

400 g de una mezcla zanahorias y calabacines pelados, cortados y rallados

90 g de pasas sultanas

100 ml de zumo de naranja (si haces tu propio zumo, añade también la ralladura fina de la cáscara)

6 huevos

300 g de azúcar superfino

250 ml de aceite de oliva

500 g de avellanas blanqueadas y picadas 30 segundos en un robot de cocina (o almendras molidas)

1 cucharadita de polvo de hornear

1 cucharadita de nuez moscada recién rallada

½ cucharadita de canela molida

2 cucharadas de coco deshidratado

60 gramos de semillas de girasol y de calabaza, y un poco más para espolvorear

1 medida de cobertura de queso crema (véase la página 255)

Dos moldes redondos para pastel de 23 cm, engrasados con aceite de oliva

1 Precalienta el horno a 180 °C si es de aire (al 6 si es de gas).

2 Utiliza papel de cocina para absorber el exceso de humedad de las verduras ralladas, introdúcelas en un cuenco, añade las pasas sultanas y el zumo de naranja y déjalo macerar.

3 Bate los huevos y el azúcar hasta obtener una mezcla ligera y aireada, unos 7 minutos. Añade lentamente el aceite de oliva con un chorro continuo, batiendo lo justo para incorporarlo por completo.

4 Mezcla las avellanas picadas con el polvo de hornear, incorpora la ralladura de naranja (si la utilizas), las especias y el coco. Por último, incorpora la mezcla de zanahorias, calabacín y pasas sultanas maceradas, y agrega las semillas.

5 Divide la mezcla equitativamente entre los dos moldes preparados y nivela los bordes. Hornea durante 30-40 minutos, o hasta que la superficie haya subido y, al insertar un palillo en el centro, este salga con algunas migas, pero limpio. Retira los pasteles del horno y déjalos enfriar en los moldes durante 10 minutos antes de voltearlos sobre una rejilla enfriadora para que se enfríen por completo.

6 Una vez fríos, extiende sobre la capa base la cobertura de queso crema, cúbrelo con la segunda capa de pastel y extiende más cobertura sobre la superficie. Espolvorea la superficie con más semillas de girasol y de calabaza.

TRIFLE DE JEREZ BORRACHÍN

*Confeccioné este trifle para un club gastronómico llamado The English Laundrette.
El menú era un remake de la comida inglesa de los años sesenta, puesta al día por el siempre
impresionante chef Carl Clarke. Hicimos budines y versiones mini de nuestros pasteles Bakewell
(véase la página 102) y nuestro pastel al revés de piña y avellana (véase la página 81).*

TIEMPO DE PREPARACIÓN

1 hora y **10** minutos

TIEMPO DE COCCIÓN

1 hora y **15** minutos

RACIONES: 12

200 ml de jerez semidulce

3 medidas de *coulis* de frutas del
    bosque (véase la página 256)

1 hornada de bizcocho de vainilla
    (véase la página 38) frío y
    preferentemente hecho unos días
    antes

2 medidas de crema de huevo básica
    (véase la página 260)

350 g de frutas del bosque picadas:
    fresas, arándanos negros, frambuesas,
    cerezas sin hueso picadas y grosellas
    rojas

½ medida de *crumble* de avena
    (véase la página 128) frío (opcional)

50 g de almendras fileteadas tostadas
    (véase la página 257)

Un cuenco de cristal grande, de unos
    5 litros de capacidad

1   Mezcla el jerez y el *coulis* en un cuenco.

2   Coloca la mitad de una capa del bizcocho en el fondo del cuenco de
    cristal grande. Vierte una capa de crema encima, espolvoréala con
    las frutas del bosque frescas y rocíalas con un poco de la mezcla de
    coulis y jerez. ¡Repite el proceso hasta llegar al borde del recipiente!

3   Acaba con una capa de fruta, coronada con el *crumble* de avena (si
    lo utilizas), y sirve el *trifle* espolvoreado con las almendras fileteadas
    tostadas.

CRUMBLE

COULIS

FRUTAS
DEL BOSQUE

CREMA

BIZCOCHO

DECORAR PASTELES

Este capítulo ofrece algunas ideas para decorar los pasteles que aparecen en el libro. Eres libre de utilizar todos los métodos y las técnicas posibles para decorar pasteles siguiendo tu propio estilo. Los decoradores de pasteles esculpen hermosos diseños con pasta de azúcar y fondant, pero me parece algo engañoso, así que intento decorar los pasteles con cosas que saben tan bien como aparentan.

PASTEL DE ROSAS

Elige un pastel que quieras hacer (aquí he utilizado la receta del pastel de zanahoria de verano/invierno de la página 58). Deja que los pasteles se enfríen por completo, luego ajusta una boquilla IM a una manga pastelera y llénala con la crema de cobertura de tu elección (aquí he utilizado la crema de mantequilla a la vainilla de la página 254 y la he teñido con frambuesas frescas). La crema debería ser lo bastante firme para mantener la forma. Refresca tus habilidades con la manga pastelera leyendo los consejos que aparecen en la página 26, y a continuación dispensa un poco de cobertura entre las dos capas de pastel y utiliza una espátula o el dorso de una cuchara para extenderla uniformemente. Una vez pegadas las dos capas, empieza a extender la cobertura desde el centro del pastel y en la dirección de las agujas del reloj, formando una espiral: empieza desde el centro y sigue desplazándote hacia fuera para formar una rosa. Repite el proceso, dibujando rosas de diferentes tamaños hasta cubrir el pastel.

PASTEL CON FLORES COMESTIBLES

Elige un pastel que quieras hacer (aquí he utilizado la receta del pastel Red Velvet de la página 72). Prepara algunas flores cristalizadas (véase la página 230) y una remesa de cobertura de tu elección (aquí he utilizado la cobertura de queso crema de la página 255). Cuando los pasteles estén completamente fríos, utiliza una espátula para extender la cobertura entre las dos capas y apila los dos pisos. Decora el pastel como quieras: aquí he picado toscamente una tableta de 200 g de chocolate negro y lo he espolvoreado por los laterales del pastel. Luego adorna la superficie con las flores cristalizadas.

PASTEL DECORADO CON CHOCOLATE

Elige un pastel que quieras hacer (aquí he utilizado la receta de pastel de chocolate amargo y naranja de la página 46). Prepara una medida de cobertura de tu elección (aquí he utilizado la receta de crema de mantequilla con chocolate de la página 255). Prepara dos medidas de las láminas de chocolate de la página 209, utilizando celofán en lugar de papel de hornear. No las enrolles, sino déjalas enfriar en láminas. Corta una lámina en tiras longitudinales de 7 cm. Luego corta estas tiras a lo ancho, en trozos de 10 cm. Corta la segunda lámina de forma más caprichosa, en trozos de diferentes tamaños. Cuando los pasteles estén com-pletamente fríos, extiende la cobertura entre las capas de pastel con una espátula y apila los dos pisos. Con el chocolate cortado y preparado, glasea el exterior del pastel empezando por el centro del piso superior, y extiende la cobertura hacia afuera, luego hacia abajo y por los laterales. Presiona las láminas de chocolate más grandes y uniformes alrededor de la capa inferior del pastel, y utiliza el resto para rodear el piso superior y el centro del pastel. Puedes utilizar polvo de brillo o pintura comestible en espray para pintar un poco el chocolate si lo deseas.

PASTEL CON LETRAS DE PURPURINA

Elige un pastel que quieras hacer (aquí he utilizado la receta del pastel de chocolate amargo y naranja de la página 46). Prepara una medida de cobertura de tu elección (aquí he utilizado la ganache de chocolate de la página 259). Para hacer las letras de purpurina, necesitarás un paquete de pasta de goma o de pasta de azúcar de cualquier color, un rodillo y un cuchillo afilado o un cúter, un plato lleno de agua, un poco de purpurina comestible y algo de papel de hornear. Aquí tienes cómo hacerlo: extiende tu pasta de goma a un grosor aproximado de 1-2 mm, procurando que no se pegue. Si utilizas una lámina de silicona, será mucho más sencillo, aunque también puedes utilizar azúcar glas para

espolvorear tu superficie de trabajo y un rodillo. Utiliza el cúter para recortar las letras que desees. Resérvalas en un lugar fresco para que se vuelvan duras como piedras. Utiliza con cuidado la punta del dedo para pincelar con un poco de agua uno de los lados de cada letra seca (hazlo de una en una), luego sujétala encima de un trozo de papel de hornear y espolvoréala con la purpurina. Devuelve la purpurina que ha caído sobre el papel de hornear al bote de purpurina y repite el proceso con el resto de letras hasta que estén todas cubiertas de purpurina. Déjalas secar. Cuando los pasteles estén completamente fríos, glaséalos por completo antes de colocar las letras con purpurina encima.

PASTEL CON FRUTA BRILLANTE

Elige un pastel que desees hacer (aquí he utilizado la receta de pastel de pera y chirivía de la página 70). Haz una remesa de cobertura de tu elección (aquí he utilizado la crema de mantequilla a la vainilla de la página 254). Cuando los pasteles están completamente fríos, utiliza una espátula para extender la cobertura entre las capas y por todo el exterior, empezando desde el centro y extendiéndolo hacia fuera, hacia abajo y por los laterales. Sumerge un puñado de frambuesas o moras en polvo de brillo antes de colocarlas alrededor del pastel.

PASTEL DE FRAGMENTOS DE CRISTAL

Elige un pastel que quieras hacer (aquí he utilizado la receta del pastel de chocolate sencillo y exquisito de la página 69). Prepara una medida de cobertura de tu elección (aquí he utilizado la crema de mantequilla de la página 254). Haz una medida de cristal de azúcar del color que quieras (véase la página 225). Déjalo enfriar y luego rómpelo en fragmentos. Cuando los pasteles se hayan enfriado por completo, utiliza una espátula para extender la cobertura entre las capas de pastel y colócalas formando pisos. Luego cubre el exterior, empezando desde el centro de la superficie, y extendiendo la cobertura hacia afuera, hacia abajo y por los laterales. Clava los fragmentos de cristal de azúcar por todo el pastel de forma que sobresalgan.

PASTEL DE MOSAICO

Elige un pastel que desees hacer (aquí he utilizado receta de pastel de lluvia de margarita, pero sin la lluvia, de la página 65). Prepara una medida de cobertura de tu elección (aquí he utilizado la crema de mantequilla de la página 254). Prepara unas cuantas cantidades de cristal de azúcar de diferentes colores (véase la página 225). Déjalo enfriar y luego rómpelo en fragmentos. Cuando los pasteles estén completamente fríos, extiende con una espátula la cobertura entre las capas de pastel y colócalas formando pisos. Cubre el exterior, empezando desde el centro de la superficie y extendiendo la cobertura hacia afuera, hacia abajo y por los laterales del pastel. Mientras la cobertura aún esté húmeda, presiona suavemente los fragmentos de cristal de azúcar sobre el pastel, formando el mosaico que quieras. Si la cobertura cuaja antes de que hayas tenido tiempo de pegar los fragmentos de azúcar, solo tienes que añadir un poco más de cobertura fresca sobre el pastel y pegar así el cristal de azúcar.

CONSEJO: Si haces un pastel más grande, no utilices demasiada cobertura entre cada piso, puesto que la presión extra de los pisos adicionales empujará los laterales, dañando la decoración.

TARTAS

MASA QUEBRADA SALADA 100 · MASA QUEBRADA DULCE 101 · TARTALETAS BAKEWELL DE VERANO 102 · TARTALETAS BAKEWELL DE RUIBARBO 105 · TARTA DE MEMBRILLO CON ANÍS ESTRELLADO Y MASA DE ESPELTA INTEGRAL 106 · TARTA DE CEREZA, PARAGUAYO Y ALMENDRA 110 · TARTALETAS DE PONCHE CALIENTE 112 · PASTEL *BANOFFEE* 116 · TARTALETAS DE GANACHE Y FRUTA DE LA PASIÓN 119 · TARTALETAS DE CREMA CON NARANJAS CARAMELIZADAS 120 · TARTALETAS DE RUIBARBO CON CHILE Y JENGIBRE 123 · TARTALETAS DE FRUTA CON FRUTA DE LA PASIÓN Y MENTA 124 · TARTALETAS DE CREMA Y MANZANA ESPECIADA 127 · *CRUMBLE* DE AVENA 128 · *CRUMBLE* DE RUIBARBO Y UVAS ESPINAS 129 · *CRUMBLE* DE MORAS, PERAS Y PIÑONES 129

TARTAS

Las **TARTAS** se elaboran con una masa sin levadura hecha de harina, grasa y líquido, y horneada para formar la base de tartas, empanadas y dulces. Existen diferentes tipos de pastas para tarta, las más populares son la masa quebrada, el hojaldre rápido, el hojaldre normal, la pasta filo y la pasta choux. La elaboración de tartas en todas sus variantes posee una larga historia, y se extendió por todo el mundo desde el antiguo Mediterráneo, a través de los cruzados, hasta Italia y Francia, y el resto de Europa.

En lo que respecta a elaborar la masa para tartas, la confianza resulta clave. Seguramente cometerás algunos errores en el camino hacia la perfección, pero que si perseveras y practicas, te saldrá perfecta antes de lo que piensas.

MASA QUEBRADA

La masa quebrada se puede utilizar para hacer tanto platos dulces como salados. Si practicas y adquieres algo de confianza con esta masa básica, estarás preparada para hacer el resto. La masa quebrada estándar se hace con la mitad de cantidad de grasa que de harina, y la cantidad justa de agua fría para unirla. Con solo estos tres ingredientes básicos para trabajar, la calidad de tu masa dependerá de los ingredientes que utilices y de tu técnica, así que no escatimes gastos ni quieras saltarte pasos. Aquí tienes un desglose de los ingredientes:

GRASA: En la pastelería generalmente utilizamos mantequilla para hacer la masa, aunque se puede usar una combinación de manteca vegetal (que es una grasa saturada 100% sólida) y mantequilla si lo prefieres. La manteca proporciona una textura más tierna y laminada, pero una buena mantequilla la supera con creces en cuanto a sabor. La grasa evita que el agua hidrate las proteínas de la harina que forman el gluten, manteniendo las fibras de gluten más cortas. La temperatura de la grasa desempeña un importante papel aquí: si está demasiado caliente se fundirá y tu pasta será pegajosa o se romperá al extenderla, mientras que si hay trozos muy fríos, eso significa que tendrás que manipularla demasiado para mezclarla con la harina, y sufrirás los mismos problemas. Una buena técnica es refrigerar la mantequilla, luego rallarla o cortarla en pequeños dados y devolverla al frigorífico antes de usarla.

LÍQUIDO: Asegúrate de que está frío y de que utilizas solo la cantidad justa y necesaria para unir los ingredientes formando una masa. Si añades demasiado líquido obtendrás una mezcla pegajosa o una masa dura, pero si añades muy poco, la masa se resquebrajará.

UNA NOTA SOBRE LOS MOLDES PARA TARTA

Utiliza moldes antiadherentes siempre que sea posible cuando hagas tartas. Si estas utilizando un molde sin forrar, deberás engrasar bien la base y los laterales con mantequilla.

HACER LA MASA

La primera fase para hacer masa quebrada requiere que la harina se recubra de una grasa sólida (por ejemplo, mantequilla) cortada en trocitos. Este paso hace que la pasta quede tierna, laminada y «corta». Cuando los grumos de harina recubiertos de grasa se extiendan sobre una bandeja formarán capas, y cuando la pasta se hornee, estas capas se fundirán, dejando huecos de la estructura y dando como resultado una textura de «láminas». La cobertura de grasa también evita que los líquidos lleguen a las proteínas de la harina e impide el desarrollo de gluten, lo que provocaría el encogimiento y el endurecimiento del producto final. Por esta misma razón, la masa requiere el mínimo de manipulación: la fricción y el calor corporal ayudan al desarrollo del gluten, así que cuanto menos trabajes la masa, mejor.

Quieres que la mantequilla esté lo más fría posible para evitar que se funda o se ablande demasiado. Una cocina fría ayuda, al igual que una superficie de trabajo fresca (una bandeja de acero inoxidable que ha estado en el frigorífico servirá). Si utilizas un procesador de alimentos o una mezcladora con el accesorio de pala para hacer tu masa, evitarás el problema de que tu temperatura corporal interfiera. Pero si estás utilizando las manos, colócalas debajo de un chorro de agua fría y sécalas completamente antes de manipular la masa lo menos posible: unas manos ligeras son unas manos frías.

En el momento de unir la harina y la mantequilla para formar las migas (lo que se denomina la fase de migas de pan), creo que el mejor método es levantar la harina y la mantequilla pasándola con suavidad entre los pulgares y el resto de dedos, dejándolas volver a caer al cuenco o sobre la superficie. Trabaja rápido y gira la mezcla para no manipular la misma área demasiado rato. Una vez añadido el líquido, puedes utilizar un cuchillo frío para unir la masa.

REPOSAR

Una vez unida la masa, necesitarás dejarla «reposar» para dar tiempo al gluten que se ha desarrollado en la masa para que descanse. Si empiezas a extenderla tan pronto la has unido, aún estará elástica y se volverá a encoger. Envuelve la masa en film transparente y guárdala en la nevera como mínimo una hora, o más tiempo si es posible: en la pastelería le damos a nuestra masa un mínimo de 24 horas de tiempo de reposo antes de extenderla y hornearla.

FASE DE MIGAS DE PAN

UNIENDO LA MASA

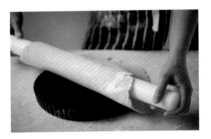

EXTENDER LA MASA

Cuando saques la masa del refrigerador, déjala reposar un poco para que vuelva a recuperar la temperatura ambiente antes de extenderla: se ablandará y se volverá más manejable. Procura que la superficie sobre la que vas a extender la masa esté limpia y seca. Espolvorea ligeramente la superficie y el rodillo con harina. Hazlo mediante ligeros golpes, y aplica presión uniformemente para extender la masa: esta vez tampoco debes trabajarla en exceso. Gira la masa un cuarto de vuelta periódicamente y voltéala de vez en cuando, procurando mantener la superficie enharinada todo el tiempo para evitar que se pegue. Utiliza tu rodillo para medir la masa en relación con el tamaño de tu molde, luego extiéndela a una anchura de un diámetro más o menos 4 cm superior al molde. Para pasar la masa al molde, enrolla la masa sobre el rodillo, y luego desenróllalo sobre el molde, presionando suavemente para colocarla bien. Si vas hacer una tarta grande, pincha toda la base con un tenedor (esto liberará el aire atrapado y hará que la base sea más crujiente) y recorta los bordes, retirando la masa sobrante. El acto de extenderla más habrá reactivado el gluten en la harina, así que tendrás que volver a meter la masa en la nevera, dentro del molde, una hora más para evitar que se encoja en el horno.

CONSEJO: Si el tiempo escasea, puedes dejar la masa colgar por los bordes del molde, confiando en que no se rompa en el horno, y recortar la masa sobrante una vez esté horneada.

HORNEAR BASES DE TARTA SIN RELLENO

Si vas a rellenar la masa con algo líquido, necesitarás hornear la base de tarta sin relleno para que se vuelva firme y no se empape. Para hacerlo, necesitarás poner peso sobre la masa para que mantenga su forma en el horno: forra la base con papel de hornear o papel de aluminio y rellénala con judías de hornear o con cualquier otro tipo de legumbres secas (como por ejemplo, frijoles de ojo negro o alubias rojas). Una vez hayas horneado sin relleno la pasta con un peso encima, retira el peso y el forro que has utilizado, pincha la base de la masa y devuélvela al horno hasta que esté crujiente y dorada. A continuación puedes pincelar la pasta con glaseado de huevo batido (si lo utilizas, véase la página a la derecha) y métela otra vez en el horno un momento, solo para sellarla. Sabrás que está hecha cuando adquiera un tono hermoso, uniforme y claro y la base esté crujiente.

UNA NOTA SOBRE LOS PESOS PARA HORNEAR BASES DE TARTA

Confecciona un peso para hornear bases de tarta que puedas utilizar, forrando tu tarta con un trozo de film transparente, rellenándolo con legumbres y retorciendo el film para sellarlo. El film transparente se endurecerá el horno y obtendrás una práctica bolsita de peso que podrás utilizar..

BAÑO DE HUEVO BATIDO

Utilizar el baño de huevo batido es un paso opcional, pero en la pastelería siempre pincelamos nuestras bases de tarta con baño de huevo batido para sellarlas. El nuestro lo hacemos con 25 ml de nata o leche por cada yema de huevo, batiéndolo ligeramente.

EL HORNO

Introduce siempre la pasta en un horno precalentado: si el horno está demasiado frío, la masa se fundirá en lugar de cocerse. Para conseguir una base uniforme y crujiente para tu tarta o empanada, coloca una bandeja para horno pesada en el horno mientras se está calentando y sitúa el molde de pastel directamente sobre la bandeja caliente cuando esté listo para hornear. Abrir la puerta del horno no afectará al horneado de la masa tan negativamente como en el caso de un pastel. Aunque no es algo ideal estar abriendo y cerrando la puerta y dejando que entre el aire frío (quieres que el horno permanezca caliente), no tengas miedo de comprobar cómo está la masa mientras se hornea.

RECUERDA

- No mezcles en exceso, pues se desarrollará gluten y la masa se volverá más dura.

- Intenta trabajar con rapidez, minimizando el tiempo de manipulación de la masa.

- Trabaja en una cocina fría, sobre una superficie fría y con las manos frías. No quieres que la mantequilla se funda en la masa.

- Haz las medidas con precisión: utiliza una balanza digital si es posible.

- Deja reposar la masa en la nevera durante la noche si puedes.

MASA QUEBRADA SALADA

Añade un poco de azúcar glas a esta receta para caramelizarla
y darle a la masa un hermoso tono dorado.

225 g de harina normal

Una pizca de sal

20 g de azúcar glas tamizado (opcional)

115 g de mantequilla sin sal, a dados
o rallada y refrigerada

3-4 cucharadas de agua helada

Un molde para tarta redondo de 23 cm,
o una bandeja para *cupcakes/*
magdalenas de 12 unidades

A MANO:

1 Tamiza la harina, la sal y el azúcar glas (si lo usas) a cierta altura sobre una superficie fría, limpia y seca. Añade la mantequilla y trabájala con la harina: trabaja hacia el centro, frotando la mezcla entre tus pulgares y el resto de dedos, pero manipulándola lo menos posible, hasta que parezcan migas de pan grandes.

2 Añade el agua de forma gradual e uniforme, a cucharaditas, la justa para unir la masa formando una sola pieza. Forma una bola redonda. Envuélvela en film transparente y guárdala en la nevera por lo menos 30 minutos.

3 Retira la masa de la nevera, deja que recupere la temperatura ambiente y amásala muy suavemente sobre una superficie ligeramente enharinada. Extiende la masa con el grosor deseado.

CON UN PROCESADOR DE ALIMENTOS O UNA BATIDORA MEZCLADORA CON BASE:

1 Enfría el cuenco mezclador y el accesorio de amasar adecuado en la nevera durante 30 minutos.

2 Tamiza la harina, la sal y el azúcar glas (si lo usas) en un cuenco grande. Añade la mantequilla, luego cubre la mezcla con un plato y guárdala en el congelador 10 minutos.

3 Introdúcela en el procesador de alimentos o la batidora mezcladora con base, y mézclala con pulsaciones rápidas, solo hasta llegar a la fase de migas de pan.

4 Añade el agua gradualmente hasta que se una formando una masa.

CONSEJO: Si no vas a usar la masa inmediatamente, puedes envolverla y guardarla en la nevera como máximo 3 días.

MASA QUEBRADA DULCE

Esta es la receta que utilizamos para la mayoría de tartas dulces que hacemos en la pastelería. No temas experimentar aquí: puede que quieras ajustar la cantidad de azúcar, mantequilla, huevos y leche a tu gusto. Nosotros utilizamos yema de huevo como parte del líquido de nuestra masa dulce, puesto que enriquece el sabor y la textura. Como siempre, ten cuidado al añadir líquido a la masa, pues puede hacer que se rompa: añádelo gradualmente y detente cuando tengas bastante para unir la masa.

250 g de harina normal

100 g de azúcar glas

Una pizca de sal

150 g de mantequilla sin sal, a dados
   o bien rallada y refrigerada

2 yemas de huevo

1 huevo

Sabores opcionales: la ralladura de
   1 naranja, limón o pomelo, rallada
   fina, o bien 1 cucharadita de nuez
   moscada recién rallada, o bien 15 g
   de almendras molidas

Un molde para tarta redondo de
   23 cm, o bien una bandeja para
   cupcakes/magdalenas de 12 unidades

A MANO:

1   Tamiza la harina, el azúcar glas y la sal a cierta altura sobre una superficie fría, limpia y seca. Añade la mantequilla y trabájala con la harina: trabaja la mezcla hacia el centro, frotando la mezcla entre tus pulgares y los dedos restantes, pero manipulándola lo menos posible, hasta que parezcan migas de pan grandes.

2   Bate el huevo y las yemas y añádelos a la mezcla, junto con uno de los sabores opcionales, si lo usas, y utiliza un cuchillo frío para unirlo todo en forma de una bola de masa, procurando no mezclarla en exceso. Enharina ligeramente la masa, moldéala formando un círculo plano y envuélvelo en film transparente.

3   Refrigera la masa toda la noche si es posible, o un mínimo de una hora. Retira la masa de la nevera una hora antes del momento de extenderla.

CON UN PROCESADOR DE ALIMENTOS O UNA BATIDORA MEZCLADORA CON BASE:

1   Enfría el cuenco mezclador y el accesorio de amasar adecuado en la nevera durante 30 minutos.

2   Tamiza la harina, el azúcar glas y la sal en un cuenco grande. Añade la mantequilla, cubre la mezcla con un plato y guárdala en el congelador 10 minutos.

3   Tamiza la harina, el azúcar glas y la sal en un cuenco grande. Añade la mantequilla, cubre la mezcla con un plato y guárdala en el congelador 10 minutos.

4   Incorpora los huevos y el sabor (opcional), añadiéndolos gradualmente a la mezcla hasta que se integre, formando una masa.

5   Refrigera la masa durante la noche si es posible, o un mínimo de una hora. Retira la masa de la nevera una hora antes del momento de extenderla.

TARTALETAS BAKEWELL DE VERANO

El verdadero Bakewell posee una jugosa historia y es una tradición británica celosamente guardada. La invención del «budín Bakewell» original fue resultado de un accidente. Hacia el año 1860 se encargó una tarta en una fonda local (entonces denominada The White Horse) del pueblo de Bakewell. La dueña de la fonda dejó instrucciones para el cocinero sobre cómo debía hacer la tarta, pero el cocinero no las entendió bien, y en lugar de mezclar los huevos con la masa, los esparció por encima de la mermelada y horneó el pastel así. Nuestros pasteles Bakewell han adquirido vida propia y son los reyes de todas las pastas de nuestra pastelería: la revista Vogue los calificó «los mejores de la ciudad», y no nos gusta entrar en discusión. Los hacemos de temporada, con fruta fresca y coulis que varían según la estación del año, y le añadimos una puntita de crema de mantequilla y almendra en lugar del exquisito fondant Mr Kipling.

TIEMPO DE PREPARACIÓN

45 minutos

TIEMPO DE COCCIÓN

1 hora

UNIDADES: 1

1 medida de masa quebrada dulce o salada (véanse las páginas 100-101)

Baño de huevo batido: 1 yema de huevo ligeramente batida con 25 ml de nata para montar o leche

1 medida de *coulis* de frutas del bosque (véase la página 256)

½ medida de franchipán (véase la página 258)

20 g de almendras fileteadas sin tostar

½ medida de crema de mantequilla y almendra (véase la página 255)

Un puñado de cerezas frescas enteras

30 g de almendras fileteadas tostadas (véase la página 257)

Una bandeja para *cupcakes*/magdalenas de 12 unidades

1 Precalienta el horno a 180 °C si es de aire (al 6 si es de gas).

2 Extiende la masa a un grosor de unos 3 mm y corta círculos que se ajusten a los orificios de la bandeja para *cupcakes*/magdalenas que has preparado, dejando algo de masa extra para cubrir los lados (aproximadamente círculos de 10 cm para una bandeja de *cupcakes* estándar). Presiona los círculos cuidadosamente dentro de los orificios y refrigéralos durante unos 30 minutos. Forra las bases, cúbrelas con legumbres de hornear y hornéalas sin relleno (véase la página 98) durante unos 10-15 minutos, o hasta que empiecen a dorarse. Retíralas del horno, pincélalas por encima con el glaseado de huevo batido, y vuelve a hornearlas 2 minutos más para sellarlas. Retíralas del horno y deja que se enfríen.

3 Vierte 2 cucharaditas del *coulis* sobre las bases de masas frías, dispensa con la manga o con una cuchara el franchipán encima como relleno, y luego espolvorea con las almendras fileteadas sin tostar y devuelve las tartaletas al horno para hornearlas durante 20-25 minutos, o hasta que el franchipán esté dorado. Evita abrir el horno antes de que transcurran 15 minutos, puesto que la delicada estructura del franchipán tiene una tendencia a hundirse. Retira del horno las tartaletas y déjalas sobre una rejilla enfriadora para que se enfríen por completo.

4 Dispensa sobre cada tartaleta una bolita de crema de mantequilla y almendra y luego corónala con una cereza fresca y unas cuantas almendras fileteadas tostadas.

TARTALETAS BAKEWELL DE RUIBARBO

Puesto que las cerezas tienen una temporada muy breve, hemos adaptado nuestras tartaletas Bakewell para hacerlas durante todo el año: elaboramos tantas combinaciones de frutas y frutos secos diferentes que ya casi ni tenemos el derecho de llamarlas tartaletas Bakewell.

TIEMPO DE PREPARACIÓN

45 minutos

TIEMPO DE COCCIÓN

40 minutos

UNIDADES: 12

1 medida de masa quebrada dulce o salada (véase la página 100-101)

Baño de huevo batido: 1 yema de huevo ligeramente batida con 25 ml de nata para montar o leche

½ medida de franchipán (véase la página 258)

20 g de almendras fileteadas

2 cucharadas de mermelada de albaricoque (opcional)

1 medida de crema de mantequilla con almendra o a la vainilla (véanse las páginas 254-255)

PARA EL RELLENO DE RUIBARBO

300 g de ruibarbo limpio y cortado a trozos de 3 cm

El zumo y la ralladura fina de 1 limón

80 g de azúcar superfino

PARA LA COBERTURA DE RUIBARBO

1 tallo de ruibarbo limpio y cortado a trozos de 3 cm

20 g de azúcar superfino

Una bandeja para *cupcakes/* magdalenas de 12 unidades

Una bandeja de hornear forrada

VARIANTE: También puedes hacer una tarta grande. Solo tienes que extender la masa a un grosor de 5 mm en lugar de 3 mm y aumentar ligeramente el tiempo de horneado del franchipán.

1 Precalienta el horno a 150 °C si es de aire (al 3 si es de gas).

2 Prepara el relleno de ruibarbo. Coloca el ruibarbo en una olla ancha y de fondo grueso con el zumo y la ralladura de limón y añade agua solo hasta cubrirlo. Añade el azúcar y calienta la olla para disolverlo y llévalo a ebullición. Baja el fuego, deja cocer la mezcla durante 4-5 minutos y a continuación, déjalo reposar 10 minutos. Escurre bien la mezcla, reservando el líquido. Devuelve el líquido a la olla y hazlo hervir hasta que espese y tenga consistencia de almíbar (unos 8 minutos). Añade el ruibarbo y revuélvelo para que quede recubierto por el almíbar.

3 Prepara la cobertura de ruibarbo. Coloca ruibarbo en la bandeja de hornear forrada y espolvoréalo con el azúcar. Cubre la bandeja con papel de aluminio y hornea 15 minutos, vigilándola a menudo, hasta que el ruibarbo empiece a ablandarse, pero aún mantenga su forma.

4 Sube la temperatura del horno a 180 °C si es de aire (al 6 si es de gas).

5 Extiende la masa a un grosor de unos 3 mm y corta círculos que se ajusten a los orificios de la bandeja para *cupcakes/* magdalenas que has preparado, dejando algo de masa extra para cubrir los lados (aproximadamente círculos de 10 cm para una bandeja de *cupcakes* estándar). Presiona los círculos cuidadosamente dentro de los orificios y refrigéralos durante unos 30 minutos. Forra las bases, cúbrelas con legumbres de hornear y hornéalas sin relleno (véase la página 98) unos 15 minutos, o hasta que empiecen a dorarse. Retíralas del horno, pincélalas por encima con el baño de huevo batido y vuelve a hornearlas 2 minutos más para sellarlas. Retíralas del horno y deja que se enfríen.

6 Vierte un poco del relleno de ruibarbo (sin el jugo) en cada tartaleta, seguido del franchipán (llénalo justo por debajo del borde). Corónalo con las almendras fileteadas y devuélvelos al horno 20-25 minutos, o hasta que al insertar un palillo en el franchipán, salga limpio.

7 Para hacer el glaseado opcional, mezcla la mermelada de albaricoque con unas cuantas gotas de agua en una olla de fondo grueso y caliéntalo a fuego medio hasta que esté líquido, pero sin que llegue a burbujear. Pincela con un poco de glaseado la superficie de las tartaletas recién salidas del horno y luego deja que se enfríen en los moldes durante 20 minutos. Retíralas de los moldes y colócalas en una rejilla enfriadora para que se enfríen por completo.

8 Corona cada tartaleta con una bolita de crema de mantequilla y un trozo de ruibarbo.

TARTA DE MEMBRILLO CON ANÍS ESTRELLADO Y MASA DE ESPELTA INTEGRAL

Los membrillos son una de mis frutas favoritas: son toscos y duros, difíciles de cocinar, están cubiertos de pelusa y resultan totalmente incomibles en crudo. Pero cuando los cocinas, se ablandan, adquieren un tono rosado y huelen y saben cómo peras florales del trópico. Están tan de deliciosos servidos simplemente en su propio almíbar como en una tarta: pruébalos calientes, con helado o yogur natural. Se conservarán en su jugo toda una semana en la nevera.

TIEMPO DE PREPARACIÓN

50 minutos, más el tiempo de enfriamiento

TIEMPO DE COCCIÓN

1 ½ horas

RACIONES: 8

1 litro de agua

4 membrillos grandes (de unos 300 g cada uno) pelados, descorazonados y cortados a cuartos

1 limón en rodajas

1 naranja en rodajas

220 g de azúcar moreno claro

½ vaina de vainilla, cortada por la mitad

5 o 6 piezas de anís estrellado

1 rama de canela

1 medida de masa quebrada dulce o salada, hecha con harina de espelta integral en lugar de harina normal (véanse las páginas 100-101)

PARA EL GLASEADO

El zumo y la ralladura fina de 1 limón

½ cucharada de miel clara

500 ml del almíbar de cocción más el anís estrellado

Un molde redondo de tarta de 23 cm de diámetro y 3-3,5 cm de profundidad

1 Vierte el agua en una olla de fondo grueso y ponla al fuego. Añade los membrillos, las rodajas de limón y de naranja, el azúcar y las especias y ponlo a fuego medio. Remueve para disolver el azúcar, luego cúbrelo y déjalo cocer en el almíbar, removiendo de vez en cuando, hasta que los membrillos estén bien cocidos, pero aún firmes (puedes comprobar si están hechos con un tenedor); en función de su madurez y de lo gruesos que sean los trozos, puede llevar más o menos entre 40 minutos y 1 hora. Procura comprobar si están hechos de vez en cuando. Cuando ya estén listos, escúrrelos y reserva el líquido de cocción.

2 Precalienta el horno a 180 °C si es de aire (al 6 si es de gas).

3 Prepara el glaseado. Coloca la ralladura y el zumo de limón, la miel, el líquido de cocción colado y el anís estrellado en otra olla y reduce la mezcla a fuego fuerte durante 10-15 minutos, hasta que haya espesado ligeramente y empiece a dorarse. Retíralo del fuego y resérvalo.

4 Extiende la masa a un grosor de 5 mm, colócala en el molde preparado y refrigéralo unos 30 minutos. Forra el molde, coloca encima las legumbres de hornear como peso y hornea la base sin relleno (véase la página 98) en una bandeja de hornear durante 15 minutos. Retira las legumbres, pincha la base con un tenedor y hornéala otros 10 minutos más, o hasta que se dore y empiece a estar crujiente. Pincela la masa con una capa fina del glaseado y devuélvela al horno 2 minutos más. Retírala del horno y deja que se enfríe.

5 Escurre los cuartos de membrillo fríos, córtalos en 4 trozos y colócalos del modo que prefieras sobre la base de tarta horneada. Vierte el glaseado restante por encima y devuelve la tarta al horno durante 15 minutos. Retira la tarta del horno y déjala sobre una rejilla de enfriamiento para que se enfríe por completo.

CONSEJOS PARA ELEGIR MEMBRILLOS: Elige membrillos firmes, con piel color amarillo pálido. No te eches para atrás si tienen manchas marrones, pues eso no afecta al sabor ni la calidad, y no te preocupes por la pelusilla, pues se quita fácilmente con las manos lavándolos bajo el grifo. Los membrillos que están resecos, blandos o completamente marrones no son frescos. Úsalos con cuidado.

VARIANTE: TARTA DE MEMBRILLO Y FRANCHIPÁN

Utiliza cualquier masa que quieras, hornéala sin relleno (véase la página 98) y déjala enfriar. Prepara media medida de franchipán siguiendo la receta de la página 258 y extiéndelo uniformemente sobre la base de la tarta hasta que llegue justo por debajo del borde de la base. Escurre y corta tus membrillos cocidos ya fríos y presiónalos sobre el franchipán: dos membrillos bastarán para esta receta. Hornea la tarta 20-25 minutos más en un horno precalentado a 180 °C si es de aire (al 6 si es de gas), o hasta que el franchipán esté bien cocido. Puedes cubrir los lados de la pasta con papel de aluminio si están demasiado dorados, para evitar que se queme.

TARTA DE CEREZA, PARAGUAYO Y ALMENDRA

Me encantan los paraguayos (también llamados melocotones de montaña), hay algo en su tamaño pequeño, su divertida forma y su tremendo inesperado dulzor aromático que me fascina. Cuando es la temporada, preparo esta tarta cada semana para venderla en la pastelería En otras épocas del año puedes sustituirlos fácilmente por melocotones normales.

TIEMPO DE PREPARACIÓN

35 minutos, más el tiempo
  de enfriamiento

TIEMPO DE COCCIÓN

1 hora

RACIONES: 8

1 medida de masa quebrada dulce o
  salada (véanse las páginas 100-101)

Baño de huevo batido: 1 yema de
  huevo ligeramente batida con 25 ml
  de nata para montar o leche

½ medida de franchipán (véase la
  página 258)

4 o 5 paraguayos maduros pero no
  demasiado blandos, sin hueso y
  cortados en ocho rodajas

100 g de cerezas sin hueso pero con
  los tallos (opcional)

Un puñado de almendras fileteadas

2 cucharadas de mermelada de
  albaricoques (opcional)

Un molde de tarta redondo de 23 cm

1 Precalienta el horno a 180 °C si es de aire (al 6 si es de gas).

2 Extiende la masa a un grosor de unos 5 mm, colócala en el molde de tarta preparado y refrigérala unos 30 minutos. Forra la base, cúbrela con legumbres de hornear y hornéala sin relleno (véase la página 98) sobre una bandeja de hornear 15 minutos. Retira las legumbres de hornear, pincha la base con un tenedor y hornéala 10 minutos más, o hasta que se esté poniendo dorada y crujiente. Retírala del horno, pincélala con una capa fina de baño de huevo batido, y devuélvela al horno 2 minutos más para sellarla. Retírala del horno y deja que se enfríe.

3 Vierte el franchipán casi hasta arriba y nivela los bordes. Coloca las rodajas de melocotón sobre la superficie de la tarta presionándolas. Reparte las cerezas, presionándolas sobre el franchipán y con los tallos sobresaliendo, y espolvorea todo con las almendras fileteadas.

4 Hornea durante 30-35 minutos, o hasta que el franchipán esté cocido y al insertar un palillo, este salga limpio.

5 Para hacer el glaseado opcional, mezcla la mermelada de albaricoque con unas cuantas gotas de agua en una olla de fondo grueso a fuego medio, hasta que este líquido pero sin que llegue a burbujear. Pincela el glaseado sobre la tarta en cuanto la retires del horno. Trasládala a una rejilla enfriadora para que se enfríe.

TARTALETAS DE PONCHE CALIENTE

Las tartaletas perfectas para un día de invierno. El año pasado me tomé mi primer día libre en la pastelería porque pillé un resfriado, y cuando ya me encontraba mejor, lo conmemoramos con «la semana del resfriado»: todo lo que elaboramos estaba inspirado en las cosas que tomas cuando estás enfermo. Hicimos brownies de chile y jengibre, pastel de miel y limón, y estas tartaletas de ponche caliente. Incluso el domingo preparamos pasteles de té de Berocca, el complemento vitamínico efervescente, más bien en plan de broma, y lo más curioso es que Chris Moyles entró en la tienda hacia el final de la jornada y los compró todos. Aquí la masa de chocolate se sale de la receta estándar: es más bien una base de galleta y resulta muy rápida de hacer: sin reposar, amasar ni extender.

TIEMPO DE PREPARACIÓN

40 minutos, más el tiempo de enfriamiento y refrigeración

TIEMPO DE COCCIÓN

25 minutos

UNIDADES: 12

130 g de mantequilla sin sal

130 g de azúcar superfino

150 g de harina normal tamizada

50 g de cacao en polvo tamizado

Una pizca de sal marina (opcional)

Una gota de extracto de vainilla (opcional)

Una remesa de rodajas de limón caramelizadas (véase la página 229)

PARA EL RELLENO

125 ml de nata para montar

200 g de chocolate negro (mínimo 70% de masa de cacao) cortado en trocitos

50 g de mantequilla tostada (funde la mantequilla en una olla pequeña de fondo grueso durante 2 minutos, o hasta que adquiera un tono tostado oscuro, luego retírala del fuego y deja que se enfríe por completo)

75 ml de Laphroaig o de cualquier otro whisky que te guste

Una pizca de sal marina

Una bandeja para *cupcakes*/magdalenas de 12 unidades

1 Acrema la mantequilla y el azúcar hasta que estén bien mezclados (aproximadamente 1 minuto). Añade la harina, el cacao en polvo, la sal y la vainilla, si la utilizas. Bate todo hasta que se haya unido formando una mezcla desmigajada.

2 Presiona con fuerza las migas sobre la base y los laterales de los orificios de tu bandeja de *cupcakes*/magdalenas y refrigérala durante 30 minutos. Forra las bases, coloca encima legumbres de hornear y hornea las bases sin relleno (véase la página 98) durante 15 minutos. Retira las legumbres y utiliza el dorso de una cucharilla para alisar la masa. Devuelve las bases al horno 10 minutos más, o hasta que estén crujientes. Retíralas del horno y colócalas sobre una rejilla enfriadora para que se enfríen por completo.

3 Precalienta el horno a 180 °C si es de aire (al 6 si es de gas).

4 Para hacer el relleno, calienta la nata en una olla de fondo grueso hasta que empiece a hervir a fuego lento y humee un poco. Retírala del fuego y añade el chocolate, deja que se funda durante 1 minuto y luego remueve todo hasta que esté completamente deshecho y bien mezclado. Añade batiendo la mantequilla tostada, el whisky y la sal hasta incorporarlo bien. Deja que se enfríe y viértelo en las bases de tartaleta frías.

5 Esparce por encima las rodajas de limón caramelizadas y mételas en el refrigerador 20 minutos para que cuajen. Sírvelas enseguida, o déjalas en la nevera y sácalas 45 minutos antes de servir para que se pongan a temperatura ambiente.

SIETE PROPUESTAS
CON MASA QUEBRADA
DULCE

TARTALETA DE GANACHE
CON *HONEYCOMB*

TARTALETA DE FRUTAS CON FRUTA
DE LA PASIÓN Y MENTA

TARTALETA DE PONCHE CALIENTE

**TARTALETA DE CREMA
Y MANZANA ESPECIADA**

**TARTALETA DE CREMA
Y NARANJAS CARAMELIZADAS**

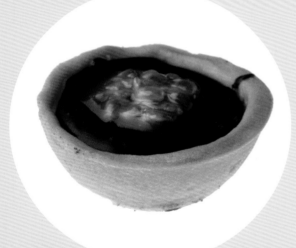

**TARTALETA DE GANACHE
Y FRUTA DE LA PASIÓN**

TARTALETA BAKEWELL DE RUIBARBO

PASTEL *BANOFFEE*

Debido al juego del teléfono (y a una investigación chapucera), siempre creí que el pastel banoffee (pastel de banana y toffee) lo habían inventado unos monjes hambrientos y era un plato inglés tradicional milenario. Una reciente contrastación de datos me ha revelado que en realidad fue inventado en un restaurante llamado The Hungry Monk (el monje hambriento) de Sussex en los años setenta (ups…). Eres libre de añadir tus propias especias y sabores; utiliza el fruto seco que quieras en lugar de las nueces pecán; y el café también es opcional.

TIEMPO DE PREPARACIÓN

35 minutos, más el tiempo de
  refrigeración

TIEMPO DE COCCIÓN

35 minutos

RACIONES: 8

1 medida de masa quebrada dulce o
  salada (véanse las páginas 100-101) con
    1 cucharada de ralladura de limón y
    1 cucharada de nuez moscada recién
    rallada añadidas en el paso final
Baño de huevo batido: 1 yema de
  huevo ligeramente batida con 25 ml
  de nata para montar o leche
400 ml de nata para montar
1 cucharada de café exprés en polvo
½ cucharadita de extracto de vainilla
1 bote de dulce de leche (o 1 lata de
  caramelo Carnation de Nestlé)
6 plátanos, pelados y picados
1 medida de nueces pecán blanqueadas
  (véase la página 216)
¼ de cucharadita de canela molida

Un molde de tarta redondo de 23 cm

1   Precalienta el horno a 180 °C si es de aire (al 6 si es de gas).

2   Extiende la masa a un grosor de 5 mm, luego colócala en el molde preparado y refrigérala unos 30 minutos. Forra la base, coloca encima las legumbres de hornear y hornéala sin relleno (véase la página 98) sobre una bandeja de hornear durante 15-20 minutos. Retira las legumbres, pincha la base con un tenedor y hornéala 10 minutos más, o hasta que empiece a estar dorada y crujiente. Retira la base del horno, pincélala con una fina capa de glaseado de huevo y hornéala 2 minutos más para sellarla. Retira la base y déjala sobre una rejilla enfriadora para que se enfríe por completo.

3   Bate la nata con el café exprés en polvo y la vainilla. Extiende el dulce de leche sobre la base de tarta enfriada, luego los plátanos picados, la nata batida y las nueces pecán frías. Espolvorea con la canela molida y sírvela inmediatamente.

NOTA: Si no quieres servir la tarta enseguida, espera a batir la nata y montar la tarta en el último minuto.

TARTALETAS DE GANACHE Y FRUTA DE LA PASIÓN

Me encanta la fruta de la pasión. La he usado en casi todo: desde pasteles y tartas a bebidas, helados y chocolate. La extiendo sobre los pasteles como decoración (justo antes de servir), puesto que su acidez compensa la dulzura del pastel y le aporta un exquisito sabor exótico y afrutado. Estas tartaletas son sencillas y deliciosas. Puedes guardarlas en la nevera durante 3-4 días.

TIEMPO DE PREPARACIÓN
45 minutos, más el tiempo de refrigeración

TIEMPO DE COCCIÓN
30 minutos

UNIDADES: 12

1 medida de masa quebrada dulce o salada (véanse las páginas 100-101)

Baño de huevo batido: 1 yema de huevo ligeramente batida con 25 ml de nata para montar o leche

PARA LA GANACHE DE FRUTA DE LA PASIÓN

200 ml de nata para montar

350 g de chocolate con leche, cortado a trocitos

La pulpa de 3 frutas de la pasión, y un poco más para la cobertura

Una bandeja para *cupcakes*/ magdalenas de 12 unidades

1 Precalienta el horno a 180 °C si es de aire (al 6 si es de gas).

2 Extiende la masa a un grosor de unos 3 mm y corta círculos que se ajusten a los orificios de la bandeja para *cupcakes*/magdalenas que has preparado, dejando algo de masa extra para cubrir los lados de las bases (aproximadamente círculos de 10 cm para una bandeja de *cupcakes* estándar). Presiona los círculos cuidadosamente dentro de los orificios y refrigéralos unos 30 minutos. Forra las bases, cúbrelas con legumbres de hornear y hornéalas sin relleno (véase la página 98) unos 10-15 minutos, o hasta que empiecen a dorarse. Retíralas del horno, pincela la superficie con el baño de huevo batido, y vuelve a hornearlas 2 minutos más para sellarlas. Retíralas del horno y deja que se enfríen.

3 Prepara la ganache siguiendo las instrucciones de la página 259 y agregando la pulpa de fruta de la pasión en el último paso. Reparte la ganache entre las bases de masa frías mientras esté fría pero aún líquida (utiliza el «test de labios» de la página 197). Guárdalas en la nevera para que cuajen: aproximadamente 1 hora. Vierte la pulpa del fruto de la pasión sobrante encima antes de servir.

TARTALETAS DE CREMA CON NARANJAS CARAMELIZADAS

Puedes confeccionar estas tartaletas con o sin naranjas caramelizadas; están igual de deliciosas con frutos secos tostados o ruibarbo asado (véase la página 105).

TIEMPO DE PREPARACIÓN

50 minutos, más el tiempo de refrigeración

TIEMPO DE COCCIÓN

25 minutos

UNIDADES: 12

1 medida de masa quebrada dulce o salada (véanse las páginas 100-101)

Baño de huevo batido: 1 yema de huevo ligeramente batida con 25 ml de nata para montar o leche

1 medida de crema espesa sencilla, fría (véase la página 261)

½ medida de *crumble* de avena, frío (opcional: véase la página 128)

1 medida de rodajas de naranjas (o naranjas sanguinas) caramelizadas (véase la página 229)

Una bandeja para *cupcakes*/ magdalenas de 12 unidades

1. Precalienta el horno a 180 °C si es de aire (al 6 si es de gas).

2. Extiende la masa a un grosor de unos 3 mm y corta círculos que se ajusten a los orificios de la bandeja para *cupcakes*/magdalenas que has preparado, dejando algo de masa extra para cubrir los lados (aproximadamente círculos de 10 cm para una bandeja de *cupcakes* estándar). Presiona los círculos cuidadosamente dentro de los orificios y refrigéralos unos 30 minutos. Forra las bases, cúbrelas con legumbres de hornear y hornéalas sin relleno (véase la página 98) unos 10-15 minutos, o hasta que empiecen a dorarse. Retíralas del horno, pincélalas por encima con el glaseado de huevo batido, y vuelve a hornearlas 2 minutos más para sellarlas. Retíralas del horno y deja que se enfríen.

3. Reparte la crema sobre las bases de masa, espolvorea con el *crumble*, si lo usas, y corona cada tartaleta con un gajo de naranja.

TARTALETAS DE RUIBARBO CON CHILE Y JENGIBRE

El ruibarbo se ha utilizado en tartas y pasteles durante cientos de años hasta tal punto que a veces se le ha denominado pie plant, *es decir, «planta para tartas». Su mejor momento es la primavera y principios de verano, cuando la fruta está jugosa y los tallos son duros y crujientes. Este ruibarbo guisado reúne un montón de deliciosos sabores, y resulta exquisito servido solo con helado (véase la página 241), con yogurt natural o con crema (véase la página 260) y crumble (véase la página 128). Hasta hemos hecho gelatina con él, y con excelentes resultados (véase abajo la variante)..*

TIEMPO DE PREPARACIÓN
3 horas y **15** minutos, más el tiempo de refrigeración

TIEMPO DE COCCIÓN
45 minutos

RACIONES: 12

350 ml de agua

175 g de azúcar superfino

125 g de raíz de jengibre, pelada y picada toscamente

1 chile rojo fresco pequeño, sin semillas y picado toscamente

1 bolsita de infusión de manzanilla

4 tallos largos de ruibarbo (unos 400 g) lavados, recortados y cortados en trozos de 1 cm

1 medida de masa quebrada dulce o salada (véanse las páginas 100-101)

Baño de huevo batido: 1 yema de huevo ligeramente batida con 25 ml de nata para montar o leche

1 medida de crema espesa básica (véase la página 261) fría

½ medida de *crumble* de avena (véase la página 128) frío

Una bandeja para *cupcakes/* magdalenas de 12 unidades

1. Precalienta el horno a 180 °C si es de aire (al 6 si es de gas).

2. Prepara un almíbar ligero calentando el agua, el azúcar superfino, el jengibre, el chile y la bolsita de infusión de manzanilla en una olla de fondo grueso a fuego medio, removiendo de vez en cuando hasta que el azúcar se disuelva. Llévalo a ebullición durante 2 minutos, luego apaga el fuego y déjalo enfriar.

3. Retira el jengibre, el chile y la bolsita de infusión. Cuela el almíbar y devuélvelo a la olla, añade el ruibarbo y caliéntalo 10 minutos a fuego medio. Deja que se enfríe por completo en el almíbar.

4. Extiende la masa a un grosor de unos 3 mm y corta círculos que se ajusten a los orificios de la bandeja para *cupcakes/*magdalenas que has preparado, dejando algo de masa extra para cubrir los lados (aproximadamente círculos de 10 cm para una bandeja de *cupcakes* estándar). Presiona los círculos cuidadosamente dentro de los orificios y refrigéralos unos 30 minutos. Forra las bases, cúbrelas con legumbres de hornear y horneálas sin relleno (véase la página 98) unos 10-15 minutos, o hasta que empiecen a dorarse. Retíralas del horno, pincélalas por encima con el baño de huevo batido, y vuelve a hornearlas 2 minutos más para sellarlas. Retíralas del horno y deja que se enfríen.

5. Reparte el ruibarbo frío entre las bases, cúbrelas con la crema fría, luego con el *crumble*, y sírvelas.

VARIANTE: Cuela el almíbar sobrante del ruibarbo y añade 4 cucharadas de copos de agar-agar para hacer una deliciosa gelatina. Sigue las instrucciones del paquete de agar-agar.

TARTALETAS DE FRUTA CON FRUTA DE LA PASIÓN Y MENTA

Confeccioné estas tartaletas de fruta originalmente para un evento de temática eduardiana, y luego las repetí para un salón de té pop-up en una casa adosada victoriana de Dalston. Son fáciles de hacer y quedan preciosas: resultan perfectas para tomar el té o como canapé en los cócteles. Si lo prefieres, puedes omitir la crema y servir la mezcla de frutas directamente sobre las bases frías y crujientes.

TIEMPO DE PREPARACIÓN

50 minutos, más el tiempo de refrigeración

TIEMPO DE COCCIÓN

25 minutos

UNIDADES: 12

1 medida de masa quebrada dulce o salada (véanse las páginas 100-101)

Baño de huevo batido: 1 yema de huevo ligeramente batida con 25 ml de nata para montar o leche

300 g de bayas frescas u otra fruta picada: frambuesas, fresas, arándanos negros y melocotones quedan bien

La pulpa de 4 frutas de la pasión

1 ½ cucharadas de hojas de menta fresca picadas finamente

1 medida de crema espesa básica (véase la página 261) **fría**

Una bandeja para *cupcakes/* magdalenas de 12 unidades

1   Precalienta el horno a 180 °C si es de aire (al 6 si es de gas).

2   Extiende la masa a un grosor de unos 3 mm y corta círculos que se ajusten a los orificios de la bandeja para *cupcakes/* magdalenas que has preparado, dejando algo de masa extra para cubrir los lados (aproximadamente círculos de 10 cm para una bandeja de *cupcakes* estándar). Presiona los círculos cuidadosamente dentro de los orificios y refrigéralos unos 30 minutos. Forra las bases, cúbrelas con legumbres de hornear y hornéalas sin relleno (véase la página 98) unos 10-15 minutos, o hasta que empiecen a dorarse. Retíralas del horno, pincela la superficie con el baño de huevo batido, y vuelve a hornearlas 2 minutos más para sellarlas. Retíralas del horno y deja que se enfríen.

3   En un cuenco, mezcla la fruta picada, la pulpa de la fruta de la pasión y la menta. Reparte la crema entre las bases y cúbrela con la fruta.

TARTALETAS DE CREMA Y MANZANA ESPECIADA

Estas pequeñas tartaletas de manzana son muy populares en la pastelería en invierno, y se puede hacer fácilmente una versión más grande para cortarla en porciones y compartirla. Las flores comestibles constituyen una hermosa decoración si puedes encontrarlas (prefiero utilizar algo natural como estas flores en lugar de gránulos azucarados). Esta tarta está deliciosa caliente, acompañada de una bola de helado de vainilla (véase la página 241).

TIEMPO DE PREPARACIÓN
50 minutos

TIEMPO DE COCCIÓN
25 minutos

UNIDADES: 12

1 medida de masa quebrada dulce o salada (véanse las páginas 100-101)

Baño de huevo batido: 1 yema de huevo ligeramente batida con 25 ml de nata para montar o leche

25 g de mantequilla sin sal

100 g de azúcar moreno oscuro

2 manzanas para cocer tipo Bramley, peladas, descorazonadas y en rodajas (mételas en un cuenco con agua y un chorrito de zumo de limón para evitar que se pongan marrones)

1 anís estrellado

¼ de cucharadita de canela molida

¼ de cucharadita de nuez moscada recién rallada

1 medida de crema espesa básica (véase la página 261) fría

¼ de medida de *crumble* de avena (véase la página 128) frío

Un puñado de pensamientos comestibles secos, o de flores cristalizadas (opcional, véase la página 230)

Una bandeja para *cupcakes/* magdalenas de 12 unidades

1 Precalienta el horno a 180 °C si es de aire (al 6 si es de gas).

2 Extiende la masa a un grosor de unos 3 mm y corta círculos que se ajusten a los orificios de la bandeja para *cupcakes/*magdalenas que has preparado, dejando algo de masa extra para cubrir los lados (aproximadamente círculos de 10 cm para una bandeja de *cupcakes* estándar). Presiona los círculos cuidadosamente dentro de los orificios y refrigéralos unos 30 minutos. Forra las bases, cúbrelas con legumbres de hornear y hornéalas sin relleno (véase la página 98) unos 10-15 minutos, o hasta que empiecen a dorarse. Retíralas del horno, pincela la superficie con el baño de huevo batido, y vuelve a hornearlas 2 minutos más para sellarlas. Retíralas del horno y deja que se enfríen.

3 Introduce la mantequilla y el azúcar en la olla a fuego medio. Llévalo a ebullición, añade las manzanas, el anís estrellado, la canela y la nuez moscada y déjalo cocer a fuego lento unos 5 minutos (cuécelo hasta que la manzana se haya ablandado pero aún mantenga su forma). Retíralo del fuego y déjalo enfriar e infusionar con las especias.

4 Escurre las manzanas y coloca 2 o 3 trozos en cada base de masa. Llena las tartaletas con la crema, luego con el *crumble*, y a continuación decóralas con las flores comestibles, si las utilizas.

CRUMBLE DE AVENA

El crumble es una receta muy útil para aprenderla de memoria, y es rápida y fácil de montar en el último minuto, dondequiera que estés. Normalmente puedes encontrar los ingredientes que necesitas en cualquier despensa. Encajará con cualquier postre de frutas o crema: espolvoréalo encima de plátano con yogur, sobre helado (véase la página 24) acompañado de fruta o coulis (véase la página 256), o bien encima de tu trifle (véase la página 85). Puedes modificarlo al gusto de tu paladar: hay quien añade frutos secos y especias, pero yo prefiero un crumble sencillo, cremoso y crujiente, con una pizca de sal marina para satisfacer mi gusto por lo salado. Se puede guardar hasta dos semanas en un recipiente hermético y seco en la nevera.

TIEMPO DE PREPARACIÓN

15 minutos, más el tiempo de refrigeración

TIEMPO DE COCCIÓN

15 minutos

CANTIDAD: 400 G

110 g de mantequilla sin sal, cortada a dados y refrigerada

110 g de avena

110 g de harina normal

110 g de azúcar moreno oscuro

Una pizca de sal marina

Una bandeja de hornear forrada

1 Precalienta el horno a 180 °C si es de aire (al 6 si es de gas).

2 Introduce todos los ingredientes en un cuenco y frótalos con los dedos hasta obtener una mezcla de textura similar a las migas de pan. Extiende la mezcla sobre la bandeja de hornear forrada y guárdala en el congelador durante 10 minutos (esto servirá para endurecer la mantequilla que has ablandado con las manos).

3 Introduce la bandeja en el horno y hornéala 10-15 minutos. Retírala y deja que se enfríe por completo antes de machacarlo con los dedos o con un rodillo.

CRUMBLE DE RUIBARBO Y UVAS ESPINAS

TIEMPO DE PREPARACIÓN

20 minutos

TIEMPO DE COCCIÓN

40 minutos

RACIONES: 6

12 tallos de ruibarbo (aproximadamente
    600 g)

400 g de uvas espinas

El zumo y la ralladura fina de 1 limón

150 g de azúcar moreno claro

1 medida de *crumble* de avena (véase
    la página 128), horneado y enfriado

Una bandeja para tarta rectangular
    de 25 x 20 cm

1   Precalienta el horno a 180 °C si es de aire (al 6 si es de gas).

2   Lava toda la fruta, luego recorta el ruibarbo y corta los tallos en
    trozos de 5-6 cm. Coloca el ruibarbo y las uvas espinas en la bandeja
    para tarta y espolvoréalos con el zumo de limón, la ralladura y el
    azúcar. Hornéalo 10 minutos.

3   Retíralo del horno y espolvoréalo con el *crumble*, procurando no
    apretarlo demasiado. Hornéalo 20-30 minutos más. Retíralo del
    horno y sírvelo caliente, acompañado de helado (véase la página 24),
    nata, crema (véase la página 260), o bien yogur.

CRUMBLE DE MORAS, PERAS Y PIÑONES

TIEMPO DE PREPARACIÓN

20 minutos

TIEMPO DE COCCIÓN

35 minutos

RACIONES: 6

8 peras inglesas medianas maduras,
    descorazonadas, peladas y cortadas
    en rodajas longitudinales de 1,5 cm
    de grosor

100 g de azúcar moreno claro

275 g de moras

60 g de piñones

1 medida de *crumble* de avena (véase
    la página 128), horneado y enfriado

Una bandeja para tarta de 30 x 20 cm

1   Precalienta el horno a 170 °C si es de aire (al 5 si es de gas).

2   Coloca las rodajas de pera y el azúcar en una olla de fondo grueso
    y cuécelo suavemente a fuego medio hasta que la fruta empiece a
    ablandarse y empiece a soltar su jugo (unos 7 minutos, en función
    de la madurez de la fruta). Añade las moras y llévalo a ebullición.
    Vierte la mezcla en la bandeja para tarta.

3   Deja que la fruta se enfríe un poco, luego echa los piñones encima
    del *crumble* y espárcelo uniformemente encima de la fruta.

4   Hornea durante 20 minutos, o hasta que los piñones empiecen a
    adquirir un tono dorado claro. Sírvelo caliente, con helado (véase
    la página 241), nata, crema (véase la página 260), o bien yogur.

GALLETAS Y PASTELITOS PARA EL TÉ

SHORTBREAD 138 · GALLETAS DE PEPITAS DE CHOCOLATE 143 · PAN DE ESPECIAS ESPECIALMENTE ESPECIADO AL JENGIBRE 144 · *BROWNIE* 147 · PIRÁMIDE DE *BROWNIE* 148 · GALLETAS DE *BROWNIE* 150 · *SCONES* DE LA ABUELITA 152 · *SCONES* DE ESPELTA Y TRIGO INTEGRAL 156 · *FRIANDS* DE GROSELLAS ROJAS 159 · PASTELITOS PARA EL TÉ DE BEICON Y SIROPE DE ARCE 160 · PASTELITOS PARA EL TÉ DE POMELO ROSA, ALMENDRAS Y AZÚCAR MORENO 164 · DONUTS DE SIDRA DE MANZANA AL HORNO 167 · BOLLOS DE HACKNEY Y BOLLOS SONRIENTES DE CHELSEA 168 · *BRIOCHE* DE AZÚCAR MORENO 172 · *BAGELS* DE *BRIOCHE* ESPECIADO CON SEMILLAS DE AMAPOLA 175 · BUDÍN DE PAN Y MANTEQUILLA 176

GALLETAS

ESTE CAPÍTULO abarca galletas, pastas y pastelitos para el té. El término inglés para galleta, *biscuit*, significa en francés «cocido dos veces» y nos remite a una época en la cual las galletas iban de la mano de la aventura y los largos viajes: eran un alimento resistente que duraba para siempre y se conservaba bien, para cuando no se disponía de alimentos frescos. Las galletas de nuestros días varían enormemente, desde las *drop cookies* americanas hasta las *shortbread* escocesas y los *biscotti* italianos, así que esto es tan solo una pequeña muestra de una amplísima gama de variantes. También he incluido los pastelitos para el té en este capítulo, aunque no existe un verdadero punto de unión, a menos que lo consideres como un capítulo para cosas pequeñas que puedes servir con el té o el café.

HAZ TUS PROPIOS CORTADORES DE GALLETAS A MEDIDA

Esta es una técnica muy práctica y sencilla para hacer tus propios cortadores de galletas a medida. Si no puedes encontrar perfil de aluminio, puedes utilizar esas bandejas de papel de aluminio que se pueden encontrar en la tienda de la esquina: compra la más grande que puedas encontrar.

Cordel

Plantilla de la forma que quieres darle a tu cortador (hecha de cartón grueso o de un trozo de plástico fino)

Regla y lápiz

Un rollo de perfil de aluminio (puedes conseguirlo en la mayoría de ferreterías, solo tienes que asegurarte de que sea apto para uso alimentario)

Unas buenas tijeras

Cuchillo

Pegamento (asegúrate de que no sea tóxico) o grapas

1 Extiende el cordel alrededor del borde de la plantilla para medir el perímetro de tu forma. Mide la longitud del cordel y utiliza una regla para marcar una tira rectangular larga con la misma longitud y aproximadamente 6 cm de anchura en tu hoja de aluminio. Ahora utiliza la regla y el cuchillo para hacer una línea de pliegue antes de cortar la tira con las tijeras.

2 Pliega los bordes largos y puntiagudos de la tira de modo que se sobrepongan pero sin alcanzar el borde opuesto. Presiona hacia abajo con mucha fuerza toda la tira utilizando un objeto pesado de modo que el borde no tenga filo, pero aun así sea muy fino.

3 Ahora rodea tu plantilla con la tira, doblándola para que se ajuste a la forma. Puedes utilizar cualquier borde, esquina o forma circular de los objetos que hay en tu casa para envolver la tira y fijar la forma. Utiliza las grapas o el pegamento para pegar bien los extremos. Ahora ya puedes empezar a cortar galletas.

CÓMO HACER GALLETAS BRILLANTES

Sirven para decorar pasteles, pero pueden servirse solas. Encontrarás purpurina comestible en la mayoría de tiendas de artículos de repostería, y muy fácilmente a través de Internet.

Haz una tanda de galletas utilizando la receta que quieras. Una vez frías, sumerge un dedo limpio en un cuenco de agua y pincela ligeramente la superficie de una de las galletas, lo justo para humedecerla, pero que no llegue a calar. Sujeta la galleta sobre una hoja de papel de aluminio y echa encima la purpurina comestible de modo que recubra la superficie. Sacude con cuidado la purpurina sobrante y devuélvela al bote. Repite el proceso con el resto de galletas.

PASTELITOS PARA EL TÉ Y PASTAS

ALGUNOS de los pastelitos de este libro (los bollos de Chelsea y los *brioches*, por ejemplo), están hechos con una masa dulce. Difieren de los pasteles por muchas razones, ya que utilizan levadura como agente leudante, contienen harina de fuerza por su alto contenido en proteína y llevan más tiempo de preparación. Trabajar con masa dulce requiere unos conocimientos básicos sobre cómo hacer pan, un arte a menudo mitificado, pero que realmente es muy sencillo. A continuación se analiza un poco este método básico.

HACER LA MASA

Los ingredientes básicos de la masa dulce son harina, agua, leche, mantequilla, huevos, azúcar, levadura y sal. La presencia de líquido hace que la proteína que contiene la harina se una y forme el gluten. En este caso queremos propiciar el desarrollo del gluten más que limitarlo. Estirar y amasar la masa ayuda a desarrollar una estructura de gluten, formando una «red» elástica que se puede estirar para que se expanda y atrape bolsas de aire. Este paso también garantiza que la levadura quede bien distribuida dentro de la masa.

NOTA: En la pastelería utilizamos levadura fresca puesto que proporciona mejor sabor, pero si no puedes encontrar levadura fresca, puede sustituirla por 5 g de levadura seca rápida por cada 10 g de levadura fresca.

AMASAR

Es uno de los pasos más importantes de preparar la masa, y requiere el mayor esfuerzo por tu parte. Para conseguir una hermosa masa deberás trabajarla unos 30 minutos, utilizando el método que quieras: empujar, tirar, girar, estirar… Lo único que tienes que hacer es no perder de vista tu objetivo: desarrollar el gluten en la masa. Resulta útil pensar en la masa como en un gran chicle que está siendo mascado: primero es quebradizo, pero con la manipulación se va volviendo más alargado y más elástico. También debes mantener la temperatura de la masa elevada durante esta fase: si trabajas la masa demasiado lentamente, la temperatura descenderá.

UNA NOTA SOBRE LA SAL

El contacto directo con la sal hará que la levadura muera; sin embargo, el control de la sal de la masa regulará la actividad de la levadura de un modo útil. La sal también ayuda a fortalecer el gluten, añade sabor y actúa como conservante.

LA PRUEBA DEL CHICLE DE GLOBO

UNA NOTA SOBRE LAS AMILASAS

El líquido de tu masa ha activado las amilasas, unas enzimas presentes en la levadura. Estas enzimas descomponen el almidón en azúcares, para alimentar la levadura mientras la masa reposa.

LA PRUEBA DEL CHICLE DE GLOBO

Para comprobar cuándo está lista tu masa, puedes averiguar si está hecha utilizando la prueba del chicle de globo.

Toma un trozo de la masa y estíralo ligeramente entre los dedos, simulando el estiramiento que provocaría el dióxido de carbono liberado en la masa; si lo sujetas ante una luz deberías ser capaz de ver claramente tus dedos a través de ella, pues adquirirá una cualidad transparente, como de pergamino.

CONSEJO: No enharines la superficie sobre la que estás amasando, la mesa podría aferrar la masa mientras trabajas y estarías estirando más el gluten y desarrollándolo más rápidamente. No tengas miedo de manejar una masa pegajosa. La harina es absorbente, y si empiezas con una masa seca, seguirá secándose aún más.

REPOSAR LA MASA

Después de amasar la masa, debes dejarla reposar. El reposo permite trabajar a la levadura, alimentando los azúcares y liberando dióxido de carbono, haciendo que la masa se estire y suba. Si la masa posee una buena estructura de gluten en su interior, los gases liberados se guardarán en «bolsas» y ayudarán a proporcionar a la masa una textura ligera. Las condiciones requeridas para este paso son calor y un poco de humedad. El calor es bastante fácil: una habitación caliente o algún lugar cerrado al lado del horno servirá. La humedad se puede conseguir envolviendo el cuenco con film transparente, o bien cubriéndolo con un paño caliente, ligeramente húmedo. El objetivo es evitar que la superficie de la masa se seque e impida que suba.

DAR FORMA

Después de dejar reposar la masa, hay que darle forma para hacer bollos y panecillos: Este paso aportará tensión a la masa, sin la cual perdería su forma durante el proceso de levado y horneado. Sigue las instrucciones de cada receta para dar forma.

LEVADO

Durante el paso de dar forma, se ha eliminado parte del dióxido de carbono de la masa, y esta necesitará otra oportunidad para subir. La levadura se volverá inactiva brevemente después de entrar en el horno, así que este paso extra representa la última oportunidad para airear la masa. Para hacer un levador casero:

1 Coloca la masa en un molde en la rejilla de un horno apagado.

2 Coloca una olla o un cuenco de cristal resistente al fuego medio lleno con agua hirviendo en el suelo del horno y cierra rápidamente la puerta. El vapor proporcionará la humedad necesaria y una temperatura del horno superior a unos 30 °C.

3 Transcurridos veinte minutos, saca la masa del horno y presiona su superficie con un dedo: si vuelve a recuperar su forma y no deja ninguna marca, entonces está lista (esto indica que la levadura está activa y está produciendo CO_2). Si presionas la masa y esta no vuelve en absoluto, ha levado demasiado. Lo mejor que puedes hacer es ponerla en el horno caliente lo más pronto posible. Un síntoma de una masa poco levada es una textura irregular, que puede «abrirse» cerca de la corteza y reducirse progresivamente hacia la base.

NOTA: No abras la puerta del horno durante el periodo de levado. Si lo haces, cambia el agua hirviendo inmediatamente.

HORNEADO

Existen diferentes métodos para probar si está hecho. El color y la corteza te lo indicarán: mira en cada receta los indicadores en cuestión.

TEMPERATURA

La levadura es un organismo unicelular que se desarrolla en condiciones similares a nosotros, los humanos. A baja temperatura se vuelve relativamente inactiva y metaboliza a un ritmo pausado, y cualquier temperatura superior a los 60 °C puede matarla (el aumento continuado de la masa en el horno es causado por el gas en expansión, que no libera más dióxido de carbono). La levadura está a sus anchas a unos 27-30 °C, cuando se alimenta, se multiplica, se metaboliza a un ritmo óptimo y libera niveles más altos de dióxido de carbono. Trabajar tu masa en un entorno caliente te ayudará a mantenerla a su temperatura óptima.

SHORTBREAD

El método clásico de las shortbread (galletas de mantequilla escocesa) requiere cubrir una grasa sólida (como la mantequilla) con ingredientes secos al inicio de la receta. Al igual que cuando haces pasteles, este paso sirve para reducir el desarrollo del gluten y con él se obtiene un producto acabado hojaldrado (el término short en inglés). Y al igual que con los pasteles, el shortbread requiere una mezcla mínima. Una vez unidos los ingredientes secos con los ingredientes húmedos, cuanto menos trabajes la masa, mejor: una formación de gluten excesiva provocará la disminución y la dureza del producto final.

TIEMPO DE PREPARACIÓN

15 minutos, más el tiempo de
refrigeración

TIEMPO DE COCCIÓN

12 minutos

UNIDADES: 12 grandes o
30 pequeñas

300 g de harina de espelta blanca

75 g de azúcar superfino, y un poco
más para espolvorear

25 g de azúcar glas

Una pizca de sal marina

250 g de mantequilla sin sal, cortada a
dados y refrigerada

1 yema de huevo

1 cucharadita de extracto de vainilla

Una bandeja de hornear grande,
forrada

1 Tamiza la harina, los azúcares y la sal juntos en un cuenco grande. A continuación, añade la mantequilla fría y frótala con las puntas de los dedos hasta formar migajas. Añade la yema de huevo y la vainilla y mezcla todo hasta formar una masa, procurando no trabajarla en exceso.

2 Estírala con el rodillo sobre una superficie enharinada a aproximadamente 1 cm de grosor. Corta la masa en círculos utilizando un cortador de galletas de 8 cm (o de 5 cm si prefieres pequeñas). Colócalas sobre la bandeja para hornear y refrigérala por lo menos 2 horas, pero preferiblemente toda la noche

3 Precalienta el horno a 180 °C si es de aire (al 6 si es de gas).

4 Hornea durante unos 12 minutos, o hasta que los bordes empiecen a dorarse. Retira la bandeja del horno, déjala enfriar unos minutos, y luego pásala a una rejilla enfriadora, espolvorea la superficie con azúcar y deja que se enfríen por completo.

TRES PROPUESTAS CON *SHORTBREAD*

MINI *SHORTBREAD* DE LAVANDA

Están perfectos con una buena limonada fresca de verano. Añade una buena pizca de lavanda seca, molida en el mortero, cuando estés tamizando la harina, el azúcar y la sal. Utiliza un cortador de 2,5 cm para hacer estos mini *shortbreads*

SHORTBREAD DE LIMÓN Y PISTACHO

Una variación con cítricos y frutos secos. Añade la ralladura fina de un limón y 70 g de pistachos picados en el mortero cuando estés tamizando la harina, el azúcar y la sal.

SHORTBREAD DE ALBAHACA

El romero también funciona aquí, para conseguir un *shortbread* dulce, mantecoso y sabroso. Añade 5 hojas de albahaca picadas muy finas cuando estés tamizando la harina, el azúcar y la sal.

GALLETAS DE PEPITAS DE CHOCOLATE

Estas galletas eran una obsesión para mí de jovencita: conseguir la galleta de pepitas de chocolate perfecta fue una de las primeras cosas que me llevaron a la repostería. El equilibrio perfecto entre blando y crujiente, gomoso, achocolatado, mantecoso y salado es una de esas cosas que pueden distraer a cualquiera. Puede que quieras modificar esta receta para que se ajuste a tu gusto, pero la verdad es que en lo que a mí respecta, se acerca a la perfección. Experimenta con diferentes tipos de sal, si las encuentras, son el punto culminante de una buena galleta de pepitas de chocolate.

TIEMPO DE PREPARACIÓN

30 minutos

TIEMPO DE COCCIÓN

13 minutos (cada hornada)

UNIDADES: 28

430 g de harina normal tamizada

1 ½ cucharaditas de bicarbonato sódico

Una pizca de sal

240 g de mantequilla sin sal a temperatura ambiente

230 g de azúcar moreno claro

200 g de azúcar superfino

2 huevos

⅔ de cucharadita de extracto de vainilla

140 g de chocolate muy negro, picado toscamente

Una pizca de sal marina (yo utilizo sal negra de Hawái)

Dos o tres bandejas de hornear forradas

1 Precalienta el horno a 180 °C si es de aire (al 6 si es de gas).

2 En un cuenco, bate la harina, el bicarbonato sódico y la sal y resérvalo.

3 Acrema la mantequilla y los azúcares durante 2 minutos. Añade gradualmente los huevos y luego la vainilla. A continuación, agrega suavemente la mezcla de harina e incorpora el chocolate.

4 Cuando se ha unido la masa, pártela en trozos y forma bolas de aproximadamente el tamaño de una pelota de golf. Presiónalas suavemente sobre las bandejas de hornear, dejando unos 8 cm generosos entre ellas. Espolvorea la superficie de cada galleta con la sal.

5 Hornéalas por tandas durante 8 minutos, luego presiona suavemente cada galleta con una espátula, aplanándola (esto es opcional, puede que prefieras dejar que suban ligeramente). Hornéalas 3-5 minutos más, o hasta que estén ligeramente doradas.

6 Retíralas del horno y déjalas enfriar sobre las bandejas durante 10 minutos antes de pasarlas a una rejilla enfriadora para que se enfríen por completo.

NOTA: Puedes guardar la masa sin hornear en la nevera hasta 3 días, y cortarla en trozos para hornearlas.

PAN DE ESPECIAS ESPECIALMENTE ESPECIADO AL JENGIBRE

Me encanta el jengibre y me encantan las galletas, pero siempre me decepciona el pan de especias porque a menudo está seco y denso, y no tiene suficiente sabor. En la pastelería hemos adaptado nuestro pan de especias a lo largo del tiempo para hacerlo más blando, más especiado y con más gusto a jengibre: esta es la receta que utilizamos las Navidades pasadas, y casa muy bien con el chocolate caliente a la absenta (véase la receta en la página 206). Si no puedes aguantar el picante, prueba a reducir el chile, el jengibre y las especias. Si tienes uno, utiliza un molinillo de especias para molerlas, de lo contrario tendrás que hacerlo con el mortero y con un poco de «jugo de muñeca».

NOTA: Al emplear las yemas en la masa en lugar de los huevos enteros, aumentará la humedad y se ablandará la textura.

TIEMPO DE PREPARACIÓN
30 minutos, más el tiempo de refrigeración

TIEMPO DE COCCIÓN
20 minutos

UNIDADES: 20

I huevo

I yema de huevo

200 g de mantequilla sin sal
   a temperatura ambiente

200 g de azúcar moreno oscuro

115 g de miel de caña

80 g de jengibre pelado y rallado fino

½ chile rojo fresco picante suave o medio
   (al gusto), sin semillas y picado fino

12 g de jengibre molido

5 g de canela molida

5 g de nuez moscada recién rallada

5 g de clavos molidos

3 g de semillas de cardamomo, molidas
   lo más finas posible

3 g de pimienta negra picada

560 g de harina normal tamizada

3 g de sal fina

¼ de cucharadita de bicarbonato sódico

Dos bandejas de hornear forradas

1 En un cuenco, bate ligeramente el huevo y la yema de huevo y resérvalo.

2 En otro cuenco, bate la mantequilla, el azúcar y la miel de caña hasta que esté muy ligero y esponjoso (unos 6-7 minutos). Añade gradualmente los huevos batidos, batiendo solo para combinarlo todo.

3 Mezcla el jengibre, el chile y las especias, y agrégalos a la masa. A continuación, añade la harina, la sal y el bicarbonato sódico y bate hasta formar una masa con todo. Envuelve la masa en film transparente y refrigérala como mínimo 20 minutos.

4 Precalienta el horno a 180 °C si es de aire (al 6 si es de gas).

5 Saca la masa de la nevera y déjala que recupere la temperatura ambiente, para que esté lo suficientemente blanda para extenderla. Enharina ligeramente una superficie limpia y seca y el rodillo de amasar y luego extiende la masa a un grosor de aproximadamente I cm

6 Corta círculos con un cortador de galletas de 10 cm (o del tamaño y forma que quieras, pero procura ajustar el tiempo de horneado según convenga). Transfiere los círculos a las bandejas de hornear y hornéalas 15-20 minutos, o hasta que estén doradas.

7 Retíralas del horno y deja que se enfríen en las bandejas durante 10 minutos antes de pasarlas a una rejilla enfriadora para que se enfríen por completo

NOTA: Raspa bien el cuenco después de cada incorporación de ingredientes.

BROWNIES

Según algunos informes, los brownies son otro clásico fruto de un accidente: en este caso se omitió la levadura en el pastel de chocolate. Las recetas modernas varían enormemente, pero existen unos cuantos trucos que he aprendido a lo largo de los años para conseguir un resultado estupendo. Primero puedes batir los huevos y el azúcar a velocidad alta para hacer un semimerengue que les aporta ese maravilloso brillo. Otro truco es utilizar tanto cacao como chocolate, y un tercer consejo es incluir un poco de harina leudante, que aporta a la mezcla justo una pizca de leudante, pero como la masa es tan densa y pesada, volverá a bajar, aportando una textura extraordinariamente jugosa y acaramelada como la receta aquí presente. Los brownies están deliciosos calientes con helado de vainilla (véase la página 24), o bien 30 minutos después de sacarlos de la nevera. Aguantarán una semana en un envoltorio hermético.

TIEMPO DE PREPARACIÓN

25 minutos

TIEMPO DE COCCIÓN

18 minutos

UNIDADES: 12

5 huevos medianos

300 g de chocolate negro (mínimo 70% de masa de cacao) cortado en trozos

300 g de mantequilla sin sal a temperatura ambiente y cortada a dados

400 g de azúcar superfino

80 g de cacao en polvo tamizado

130 g de harina leudante tamizada

70 g de harina normal tamizada

50 g de frutos secos de tu elección (a mí me gustan las nueces pecán, las nueces picadas toscamente y los pistachos)

1 cucharadita de extracto de vainilla

Una pizca de sal marina

Un molde de pastel cuadrado de 25 cm, forrado

1 Precalienta el horno a 180 °C si es de aire (al 6 si es de gas).

2 Bate los huevos en un cuenco, luego agrega el chocolate y resérvalo

3 Funde la mantequilla en una olla, luego incorpora el azúcar y remueve hasta que se disuelva. Viértelo en el cuenco con el chocolate y los huevos, remueve hasta que se funda, y a continuación bate la mezcla 3-4 minutos.

4 En otro cuenco, mezcla el cacao en polvo y las harinas e incorpóralos a la mezcla de chocolate. Agrega los frutos secos y la vainilla.

5 Pásalo al molde, espolvorea con sal marina y hornea 18 minutos, o hasta que la superficie esté crujiente y el centro del pastel se bambolee al sacudir suavemente la bandeja. Retíralos del horno y déjalos enfriar en el molde antes de comerlos calientes, o bien guárdalos en la nevera para comerlos más tarde.

PIRÁMIDE DE *BROWNIE*

Este postre lo inventó uno de mis reposteros de niño, y la verdad es que la hicimos una vez para un cliente que pidió «algo con mucho chocolate y muy extravagante». La estructura es bastante sólida, así que puedes construirla tan alta como quieras, solo tienes que mantener una progresión uniforme entre el tamaño de los pisos (es decir, si tu base es de 25 cm y el piso de encima es de 20 cm, haz el siguiente piso de 15 cm, etc.).

1 hornada de *brownies* (véase la
    página 147), o bien tantas hornadas como
    necesites para conseguir tu torre perfecta

Un poco de chocolate fundido para
    unir los pisos

1 medida de glaseado de ganache
    (o tanto como necesites, véase la
    página 259)

Fruta fresca, flores o bien bombones
    de oro falso (véase la página 205)
    para decorar

1 Utiliza una regla y un cuchillo afilado para cortar cuadrados de tu bandeja de *brownie* de diferentes tamaños. Utiliza un poco de chocolate fundido para pegar los cuadrados, unos encima de los otros por tamaños, en orden descendente.

2 Vierte el glaseado de ganache con cuidado por encima de la estructura y utiliza una espátula para alisar cada piso. A continuación, decóralo como quieras.

GALLETAS DE *BROWNIE*

Estas galletas poseen las cualidades del brownie, con un centro de chocolate acaramelado y un acabado crujiente perfecto. El truco está en el tiempo, así que procura no quitarles el ojo en los minutos finales: empezarán a agrietarse solo al final de todo. Prueba a añadirles frutos secos picados, o bien pepitas de chocolate blanco o de chocolate con leche.

TIEMPO DE PREPARACIÓN

20 minutos más el tiempo de refrigeración

TIEMPO DE COCCIÓN

24 minutos (en 3 tandas)

UNIDADES: 1

160 g de harina normal tamizada

⅓ de cucharadita de polvo de hornear

Una pizca de sal marina

30 g de mantequilla sin sal a temperatura ambiente, a dados

300 g de chocolate negro (mínimo 70% de masa de cacao) cortado a trozos

4 huevos

175 g de azúcar superfino (utiliza azúcar superfino avainillado, si lo tienes, véase la página 228)

30 g de almendras fileteadas

Una bandeja de hornear forrada

1 En un cuenco mezcla la harina, el polvo de hornear y la sal y resérvalo.

2 Funde la mantequilla y el chocolate en un hervidor de doble pared (véase la página 196). Retíralo del fuego en cuanto todo se haya fundido y remuévelo para unirlo. Resérvalo y deja que se enfríe un poco.

3 Bate los huevos y el azúcar durante 2-3 minutos, hasta obtener una mezcla pálida y un poco espesa. Incorpora la mezcla de chocolate y luego incorpora la mezcla de harina. Refrigera un mínimo de 40 minutos.

4 Precalienta el horno a 180 °C si es de aire (al 6 si es de gas).

5 Retírala de la nevera, toma cucharadas de masa del tamaño de una cucharilla de postre, redondéalas con tus manos y presiónalas sobre la bandeja de hornear, dejando un espacio de 5 cm entre ellas (seguramente tendrás que hornearlas en tres tandas). Presiona las almendras fileteadas encima de cada galleta y hornea durante 10-12 minutos, o hasta que la superficie de las galletas esté brillante y agrietada. Vigila atentamente el momento en que empiecen a resquebrajarse: tan pronto toda la superficie de las galletas se haya resquebrajado, sácalas del horno inmediatamente. Déjalas sobre la bandeja 5 minutos, y luego trasládalas con cuidado a una rejilla enfriadora para que se enfríen por completo.

SCONES DE LA ABUELITA

Esta era la receta de la abuela materna de mi novio. Era una prolífica cocinera y repostera, al igual que su madre. Nunca conocí a su abuela, pero he sido lo suficientemente afortunada como para aprender algunos de sus consejos y recetas de repostería. Estos son unos scones deliciosamente cremosos y ligeros, con un toque de sal que resulta perfecto con una buena dosis de mermelada y nata. El azúcar moreno de la superficie es nuestra aportación, y les proporciona un delicioso toque crujiente y acaramelado. Hemos modificado la receta con el tiempo, pero aún los seguimos llamando «los scones de la abuelita».

TIEMPO DE PREPARACIÓN

20 minutos, más el tiempo de refrigeración

TIEMPO DE COCCIÓN

12 minutos

UNIDADES: 12

500 g de harina leudante tamizada

30 g de azúcar superfino

Una pizca de sal marina

170 g de mantequilla sin sal a dados y refrigerada

1 huevo grande

250 ml de leche entera

Baño de huevo batido: 1 yema de huevo ligeramente batida con 25 ml de nata para montar o leche

1 cucharada de nata o leche

1 cucharada de azúcar moreno claro

Una bandeja de hornear forrada

1   Si los haces a mano, mezcla la harina, el azúcar y la sal en un cuenco. Añade la mantequilla y deslízala ligeramente sobre las puntas de los dedos, pasando los pulgares sobre los otros dedos, formando migajas: el objetivo aquí es recubrir la harina con la mantequilla, no frotarla, así que haz que tus dedos trabajen ligeros y rápidos. Esto te puede llevar unos 5 minutos. También puedes utilizar un procesador de alimentos para este primer paso.

2   En una jarra pequeña, bate el huevo y la leche, luego viértelo en el cuenco y mézclalo con una cuchara o un tenedor. La mezcla quedará bastante pegajosa, así que espolvoréala ligeramente con harina y forma una bola con ella. Envuelve la masa en film transparente y refrigérala un mínimo de 20 minutos.

3   Precalienta el horno a 200 °C si es de aire (al 8 si es de gas).

4   Retira la masa de la nevera y extiéndela cuidadosamente sobre una superficie ligeramente enharinada a un grosor de 3 cm. Corta círculos con un cortador de 6 cm y colócalos sobre la bandeja de horno preparada, dejando un poco de espacio entre ellos para que se expandan. Pincela las superficies con una fina capa de baño de huevo batido, espolvoréalos con azúcar moreno y hornéalos 10-12 minutos, o bien hasta que se empiecen a dorar un poco.

5   Retíralos del fuego y déjalos enfriar en la bandeja durante 10 minutos antes de pasarlos a una rejilla enfriadora para que se enfríen por completo.

VARIACIÓN: Añade 40 g de frutos secos macerados en cerveza negra (*stout*) y especias a esta receta para conseguir más sabor. Método: introduce la fruta en un cuenco, cúbrela de cerveza negra (una Guinness servirá) y añade un anís estrellado y una rama de canela. Déjalo macerar 2 días, luego retira las especias y añádelo a la masa en el paso 2.

CÓMO HACER TU PROPIA MANTEQUILLA Y SUERO DE LECHE

Hacer tu propia mantequilla es sencillo y mucho más rápido de lo que te puedas imaginar; además obtendrás un delicioso resultado y podrás utilizar el suero de leche en un montón de recetas de repostería: desde el pan de soda y los *scones* hasta el pastel Red Velvet de la página 72.

El suero de leche es un ingrediente ácido, así que procura equilibrarlo si vas a añadirlo a una receta: verás que el bicarbonato sódico suele ser el agente leudante utilizado en la mayoría de recetas que precisan suero de leche.

PARA unos **500** g de mantequilla y **500** ml de suero de leche
1 litro de nata para montar a temperatura ambiente
1 cucharada de sal pura (opcional)
Papel encerado/sulfurizado
Papel de aluminio

1 Deja las palas de batir mantequilla sumergidas en agua helada durante unos 30 minutos antes de utilizarlas.

2 Coloca el cuenco de metal limpio de tu batidora amasadora con base en el congelador o la nevera. Una vez enfriado, vierte la nata para montar en tu cuenco mezclador seco y frío y bátela a velocidad media hasta que espese. Pasará por unas fases de espesor que podrás reconocer si has batido nata antes. Sigue batiendo hasta que la nata se desmorone y se separe. Tendrás la parte líquida (suero de leche) y la sólida (la mantequilla) en el cuenco.

3 Cuela el suero de leche con un colador limpio, o bien con un paño de muselina, sobre un cuenco. Aún quedarán restos de suero de leche en la mantequilla recién hecha, así que lava y seca tu cuenco y vuelve a batir la mantequilla sólida un minuto más o algo así. Vuelve a colarlo como antes y luego transfiere la mantequilla a un cuenco limpio y cúbrela con agua

muy fría. Utiliza las palas de batir mantequilla o las manos limpias para amasar la mantequilla y extraer todo el suero de leche restante. (Si queda algo de suero de leche en la mantequilla, podría ponerse agrio rápidamente y arruinar la mantequilla, así que ten cuidado). Cuela la mantequilla y enjuágala con agua fría hasta que el agua salga clara.

4 Separa la mantequilla en dos barras, y a continuación, utiliza las palas de amasar mantequilla frías y secas o las manos frías para modelarlas de la forma que quieras. Envuélvelas con papel encerado/sulfurizado, a continuación con papel de aluminio, y guárdalas en la zona más fría de la nevera, lejos de alimentos de olor penetrante. Debería conservarse bien, pero si no estás segura y quieres comprobar si está fresca, corta una pequeña rodaja de un extremo de la mantequilla: si el color de dentro es diferente al de fuera, se estás echando a perder.

SCONES DE ESPELTA Y TRIGO INTEGRAL

Estos scones poseen un delicioso y profundo sabor hogareño, y una pizca de avellanas picadas resalta la esencia de frutos secos de la espelta. Si quieres darle un toque salado, prueba añadiendo un toque de sal marina. De las dos maneras están deliciosos, con mermelada, mantequilla y fresas frescas.

TIEMPO DE PREPARACIÓN

20 minutos, más el tiempo de enfriamiento

TIEMPO DE COCCIÓN

15 MINUTOS

RACIONES: 12

500 g de harina de espelta integral tamizada

1 cucharada de polvo de hornear

4 cucharadas de azúcar moreno oscuro, y un poco más para espolvorear

2 pizcas de sal (opcional)

170 g de mantequilla sin sal fundida

250 ml de leche entera

1 huevo

Un puñado de avellanas blanqueadas, picadas en un procesador de alimentos (opcional)

Baño de huevo batido: 1 yema de huevo ligeramente batida con 25 ml de nata para montar o leche

Una bandeja de hornear forrada

1 Si los haces a mano, mezcla la harina, el azúcar y la sal, si la utilizas, en un cuenco. Añade la mantequilla y deslízala ligeramente sobre las puntas de los dedos, pasando los pulgares sobre los otros dedos para formar migajas: el objetivo aquí es recubrir la harina con la mantequilla, no frotarla, así que haz que tus dedos trabajen ligeros y rápidos. Esto te puede llevar unos 5 minutos. También puedes utilizar un procesador de alimentos para este primer paso.

2 Añade ahora la leche y el huevo, y con las manos bien enharinadas, mézclalo todo formando una masa. Espolvorea ligeramente la masa con harina y forma una bola. Envuelve la masa en film transparente y refrigérala un mínimo de 20 minutos.

3 Precalienta el horno a 190 °C si es de aire (al 7 si es de gas).

4 Retira la masa de la nevera y extiéndela cuidadosamente sobre una superficie ligeramente enharinada hasta un grosor de 3 cm. Corta círculos con un cortador de 6 cm y colócalos sobre la bandeja de horno preparada, dejando un poco de espacio entre ellos para que se expandan. Pincela las superficies con una fina capa de glaseado de huevo batido, espolvoréalos con azúcar moreno y con las avellanas picadas, si las utilizas, y hornéalos 15 minutos, o bien hasta que empiecen a dorarse un poco. Retíralos del horno y deja que se enfríen sobre la bandeja 10 minutos antes de trasladarlos a una rejilla enfriadora para que se enfríen por completo.

FRIANDS DE GROSELLAS ROJAS

Estos pasteles ultraligeros utilizan las claras de huevo como agente leudante, el azúcar glas para obtener dulzor y las almendras molidas para formar una deliciosa textura elástica y jugosa. Me encantan con la acidez de las grosellas rojas inglesas, pero pruébalos también con cualquier tipo de frutas del bosque ácidas de verano. Están deliciosos si los comes recién salidos del horno, y aguantan bien 2-3 días.

TIEMPO DE PREPARACIÓN

25 minutos

TIEMPO DE COCCIÓN

20 minutos

RACIONES: 12

90 g de harina normal tamizada

200 g de azúcar glas tamizada

Una pizca de sal marina

180 g de almendras molidas

La ralladura fina de 2 limones

6 claras de huevo

200 g de mantequilla sin sal, totalmente fundida y enfriada

Un puñado de grosellas rojas, o bien grosellas negras, sin tallo

20 g de almendras fileteadas

Una bandeja para *cupcake*/magdalenas de 12 unidades engrasada (en este caso, una bandeja de silicona es la mejor opción)

1 Precalienta el horno a 180 °C si es de aire (al 6 si es de gas).

2 Mezcla la harina y el azúcar glas en un cuenco, luego añade la sal, la almendra molida y la ralladura de limón.

3 Bate las claras de huevo hasta formar picos firmes (véase la página 35), e incorpóralas a la mezcla de ingredientes secos (véase la página 35), luego incorpora la mantequilla fundida removiendo un poco. Debería amalgamarse hasta formar una masa.

4 Reparte la masa en los orificios de la bandeja para *cupcake* o magdalenas y coloca sobre cada uno unas cuantas bayas, presionando ligeramente. Esparce encima las almendras fileteadas y hornea 15-20 minutos, o hasta que al insertar un palillo en el centro, este salga limpio (evita pinchar la fruta, pues podría ser que el palillo saliera limpio antes de que los pasteles estén bien cocidos). Déjalos enfriar en el molde 10 minutos antes de trasladarlos a una rejilla enfriadora para que se enfríen por completo.

PASTELITOS PARA EL TÉ DE BEICON Y SIROPE DE ARCE

Elaboré por primera vez estos pastelitos para el té para el desayuno de un evento con los creadores de gelatina Bompas & Parr. El tema central era «carne», y el plato fuerte, una cabeza de cerdo. Nunca hacen algo a medias, ni siquiera a dos tercios, así que habían decorado su cocina con enormes ilustraciones de animales divididos según los cortes de carne. Sirvieron champán con fresas inyectadas con éter, y yo confeccioné estos pastelitos para el té de desayuno con un eco de los sabores de un típico desayuno con lomo de cerdo y French toast.

TIEMPO DE PREPARACIÓN

40 minutos

TIEMPO DE COCCIÓN

45 minutos

RACIONES: 12

180 g de harina normal tamizada
½ cucharadita de polvo de hornear
½ cucharadita de sal
½ nuez moscada recién rallada
Una pizca de canela molida
170 g de mantequilla sin sal a
    temperatura ambiente
215 g de azúcar superfino
3 huevos separados
1 cucharadita de extracto de vainilla
125 ml de leche entera
12 nueces pecán enteras, tostadas
    (véase la página 257)
Un chorrito de sirope de arce para
    decorar
Pimienta negra triturada

PARA EL BEICON CARAMELIZADO

3 lonchas de beicon de lomo
    (*back bacon*)* ahumado
1 cucharada de sirope de arce para
    pincelar

Una bandeja para *cupcakes*/magdalenas
    de 12 unidades, bien engrasada
Una bandeja de hornear forrada con
    papel de aluminio

1 Precalienta el horno a 180 °C si es de aire (al 6 si es de gas).

2 En un cuenco, mezcla bien la harina, el polvo de hornear, la sal y las especias y resérvalo.

3 Bate la mantequilla y el azúcar hasta obtener una mezcla muy ligera y esponjosa, unos 7-10 minutos. Añade las yemas de huevo de una en una, batiendo solo hasta incorporarlas. Agrega la vainilla.

4 A continuación, añade los ingredientes secos en tres tandas, alternando con la leche, empezando y finalizando con los ingredientes secos, y mezclando todo uniformemente.

5 En un cuenco, bate las claras de huevo hasta obtener picos firmes (véase la página 35). Incorpora cuidadosamente las claras a la mezcla en dos tandas (véase la página 35).

6 Reparte la masa entre los orificios de la bandeja para *cupcakes* o magdalenas y hornea 15 minutos, o hasta que empiecen a dorarse y al insertar un palillo en el centro, este salga limpio. Retira la bandeja del fuego y deja que se enfríen en el molde 10 minutos antes de trasladarlos a una rejilla enfriadora para que se enfríen por completo.

7 Sube la temperatura del horno a 200 °C si es de aire (al 8 si es de gas) y prepara el beicon de lomo caramelizado. Coloca las tiras de beicon sobre la bandeja de hornear preparada y pincélalas con el sirope de arce. Hornéalas 20-25 minutos, o hasta que estén crujientes. Corta el beicon en 12 tiras pequeñas.

8 Cubre los pastelitos para el té ya fríos con el glaseado, luego añade una nuez pecán tostada y una tira de beicon crujiente. Añade un chorrito de sirope de arce y un poco de pimienta negra triturada.

* Back bacon es un trozo de beicon tradicional inglés que incluye una parte de lomo de cerdo y una parte de panceta en el mismo corte, y es mucho más magro que el beicon americano, elaborado solo a base de panceta. (*N. de la T.*)

GLASEADO DE ARCE

60 g de mantequilla sin sal a temperatura
  ambiente
300 g de azúcar glas tamizado
1 cucharadita de extracto de vainilla
125 ml de nata para montar
4 cucharadas de sirope de arce

Bate sola la mantequilla durante 2 minutos hasta que se ablande y a continuación, agrega el azúcar glas, la vainilla y la nata para montar. Luego añade
el sirope de arce y bate todo hasta obtener una mezcla suave y cremosa .

PASTELITOS PARA EL TÉ DE POMELO ROSA, ALMENDRAS Y AZÚCAR MORENO

Esta receta utiliza una variante del franchipán básico de la página 258, pero puedes utilizar ambas recetas. Esta es más jugosa porque lleva azúcar moreno, y posee un sabor a caramelo más fuerte que va genial con el toque amargo del pomelo.

TIEMPO DE PREPARACIÓN

25 minutos

TIEMPO DE COCCIÓN

40 minutos

UNIDADES: 12

1 pomelo rosa (la mitad de la ralladura se usa para el franchipán, véase más abajo)

30 g de almendras fileteadas

1 cucharada de azúcar moreno claro, para espolvorear

2 cucharadas de mermelada de albaricoque (opcional)

PARA EL BIZCOCHO DE FRANCHIPÁN

150 g de mantequilla sin sal a temperatura ambiente

150 g de azúcar moreno claro

200 g de almendras molidas

La ralladura fina de ½ pomelo rosa

2 huevos

35 g de harina normal tamizada

Una bandeja para *cupcakes/* magdalenas de 12 unidades, bien engrasada

Una bandeja de hornear forrada

1   Precalienta el horno a 180 °C si es de aire (al 6 si es de gas).

2   Desecha las puntas del pomelo rallado y retira la piel. Con la ayuda de un cuchillo afilado, corta cuidadosamente los gajos de la fruta justo por dentro de la membrana. Desecha la membrana y el jugo, coloca los gajos en la bandeja de hornear preparada y hornéalos 20 minutos. Retíralos del horno y deja que se enfríen. Mantén el horno encendido.

3   Para hacer el franchipán, bate la mantequilla y el azúcar unos 3 minutos. Añade las almendras molidas y la ralladura, seguida de los huevos y luego la harina. Reparte la mezcla en la bandeja para *cupcakes* o magdalenas y presiona encima de cada pastelito un gajo de pomelo enfriado. Espolvorea con las almendras fileteadas y el azúcar moreno.

4   Hornea 20 minutos, o hasta que al insertar un palillo en el centro, este salga limpio.

5   Para hacer el glaseado opcional, mezcla la mermelada de albaricoque con unas cuantas gotas de agua en una olla de fondo grueso y calienta a fuego medio hasta que esté fluido, pero sin que llegue a burbujear. Pincela un poco del glaseado sobre cada pastel en cuanto los saques del horno. Deja que se enfríen en la bandeja 10 minutos antes de pasarlos a una rejilla enfriadora para que se enfríen por completo.

DONUTS DE SIDRA DE MANZANA AL HORNO

Hice estos donuts para el 180, mi club de pasteles y cócteles, y se sirvieron durante un evento en el que Marawa The Amazing subió por una escalera de espadas descalza (en shorts de lentejuelas verdes) y preparó una ensalada de frutas de manzana sobre los filos. Serví los donuts pinchados con espadas en miniatura y acompañados de una copa de champán.

Utilicé una bandeja de silicona de magdalenas mini para hacerlos, pero también puedes utilizar igualmente un molde para donuts, o bien colocarlos directamente sobre una bandeja de hornear forrada (solo ten en cuenta que las formas serán irregulares).

TIEMPO DE PREPARACIÓN

25 minutos

TIEMPO DE COCCIÓN

20 minutos

UNIDADES: 12

180 g de harina normal tamizada

1 ¾ cucharaditas de polvo de hornear

60 g de azúcar moreno claro

Una pizca de sal marina

½ nuez moscada recién rallada

75 g de mantequilla sin sal, a dados y refrigerada

60 ml de leche entera

1 huevo

600 g de manzanas (2 o 3) para cocer, peladas, descorazonadas y cortadas a dados de 1-2 cm y maceradas toda la noche en 250 ml de sidra

(opcionalmente, con una rama de canela o anís estrellado)

PARA LA COBERTURA

100 g de mantequilla sin sal fundida

100 g de azúcar superfino

Una pizca de canela molida

Una pizca de nuez moscada molida

Una bandeja de magdalenas mini de 12 unidades de silicona

1 Precalienta el horno a 180 °C si es de aire (al 6 si es de gas).

2 Mezcla en un cuenco la harina, el polvo de hornear, el azúcar moreno, la sal marina y la nuez moscada y resérvalo. Añade la mantequilla y deslízala ligeramente sobre las puntas de los dedos, pasando los pulgares sobre los otros dedos, formando migajas: el objetivo aquí es recubrir la harina con la mantequilla, no frotarla, así que haz que tus dedos trabajen ligeros y rápidos. Esto te llevará unos 5 minutos. También puedes emplear un procesador de alimentos o una mezcladora con el accesorio de pala para este paso.

3 En otro cuenco, mezcla la leche y los huevos. Incorpora la mezcla de harina (la masa se humedecerá)

4 Retira las especias de las manzanas maceradas, escúrrelas, desechando la sidra, y utiliza papel de cocina para absorber todo el exceso de líquido. Incorpora las manzanas a la masa.

5 Traslada la masa a la bandeja y hornea 20 minutos, o hasta que estén ligeramente dorados e hinchados. Retira del horno y deja que se enfríen en la bandeja 10 minutos. Pincela generosamente toda la superficie de los donuts con la mantequilla fundida y luego rebózalos con la mezcla de azúcar y especias. Sírvelos de inmediato.

BOLLOS DE HACKNEY Y BOLLOS SONRIENTES DE CHELSEA

El Chelsea Bun o bollo de Chelsea se inventó en el siglo XVIII, en la «Bun House» de Chelsea, un lugar de moda de los aristócratas de la época. Nuestra versión del Chelsea Bun es el «bollo de Hackney», así denominado por sus orígenes en East London y su fruta macerada en alcohol. Inventamos los bollos sonrientes para el evento «La historia de East London a través de los pasteles». Los legendarios gánsteres de East London, operaban una calle más arriba de nuestra pastelería y eran conocidos por obsequiar a sus enemigos con la «Sonrisa de Chelsea». Estos bollos poseen una sonrisa remojada en sangre (coulis de ruibarbo) y la fruta está macerada con ginebra, por lo que parece, su bebida favorita.

TIEMPO DE PREPARACIÓN
50 minutos, más los tiempos de levado

TIEMPO DE COCCIÓN
25 minutos

UNIDADES: 12

200 ml de leche entera

60 g de mantequilla sin sal a dados

450 g de harina de fuerza blanca, tamizada, y un poco más para amasar

1 cucharadita de sal

50 g de azúcar superfino

15 g de levadura fresca

3 yemas de huevo

PARA RELLENO Y COBERTURA

50 g de mantequilla sin sal fundida

100 g de azúcar moreno oscuro

100 g de sultanas o uvas pasas, maceradas toda la noche en 120 ml de Guiness, escurridas y con el sirope reservado

25 g de azúcar superfino especiado
(véase la página 228)

Un molde de horno cuadrado de 25 cm, forrado

NOTA: Macerar las sultanas/uvas pasas no solo aporta un sabor extraordinario, sino que también las empapa, lo cual significa que robarán muy poca humedad a la masa, obteniéndose así un bollo más blando y que subirá más.

1 Calienta la leche y la mantequilla en una olla a fuego medio, removiendo hasta que la mantequilla se funda. No dejes que hierva. Retíralo del fuego y deja que se enfríe.

2 Mezcla en un cuenco la harina, la sal y el azúcar, mezclando todo cuidadosamente para distribuir bien la sal. Cuando trabajes con levadura, recuerda que la sal es su enemigo: ambos ingredientes no deberían entrar en contacto directo si puedes impedirlo.

3 Mezcla bien la levadura con la mezcla de mantequilla enfriada, y luego incorpora las yemas de huevo batiéndolas bien. Vierte la mezcla sobre los ingredientes secos. Mezcla ligeramente hasta formar una masa que sea pegajosa, pero sin llegar a disgregarse. Añade un poco más de agua o harina para conseguir esta consistencia. Vuelca la masa sobre una superficie sin enharinar y amásala 20 minutos (véanse las páginas 135-136). Una vez hayas acabado de amasar, deja que la masa suba 1 hora en un lugar cálido.

4 Vuelca la masa sobre una superficie enharinada. Extiéndela uniformemente, formando un rectángulo de unos 25 x 35 cm y de 1 cm de grosor. Pincela toda la superficie con la mayor parte de la mantequilla fundida y luego espolvoréala con el azúcar moreno oscuro y la fruta macerada escurrida. Enrolla toda la masa longitudinalmente, como si fuera un gran brazo de gitano (¡cuanto más aprietes, mejor!) y pincela con un poco de la mantequilla restante todo el exterior, luego córtalo en 12 rebanadas de unos 2 cm de anchura con la ayuda de un cuchillo de sierra pequeño, y alinéalas sobre el molde preparado, dejando pequeños huecos para puedan seguir subiendo. Deja levar 20 minutos (véase la página 137).

5 Precalienta el horno a 200 °C si es de aire (al 8 si es de gas) y hornea 20-30 minutos, o hasta que estén dorados.

6 Retíralos del horno y deja que se enfríen en el molde 10 minutos antes de pasarlos a una rejilla enfriadora. Una vez fríos, pincélalos con el sirope de Guinness restante y espolvoréalos con el azúcar especiado.

PARA HACER
BOLLOS SONRIENTES DE CHELSEA

Confecciónalos tal como se ha indicado, pero macera la fruta en ginebra en lugar de Guinness. Haz una remesa de *coulis* de ruibarbo (véase la página 256) y utiliza una botella dispensadora, para marcar sobre cada bollo una sonrisa al dispensarlo, o bien sencillamente rocíalo por encima.

BRIOCHE DE AZÚCAR MORENO

El brioche es un pan dulce francés enriquecido con mantequilla y huevos. Puedes aromatizarlo con lo que quieras: en la pastelería lo hacemos con cardamomo y dátiles, naranjas y almendras, chocolate negro, albaricoques secos y nueces, pistachos, canela o fruta seca macerada en Guinness y especias. El brioche está más bueno si se come recién hecho, pero si haces demasiado, puedes convertir los restos en el budín de pan y mantequilla (véase la página 176).

TIEMPO DE PREPARACIÓN

30 minutos, más los tiempos de enfriamiento, levado y reposo

TIEMPO DE COCCIÓN

35 minutos

PARA: 1 brioche

300 g de harina normal tamizada

40 g de azúcar moreno oscuro

1 cucharadita de sal

15 g de levadura fresca

50 ml de agua fría

75 ml de leche entera

5 yemas de huevo

175 g de mantequilla sin sal a temperatura ambiente, a dados

Baño de huevo batido: 1 yema de huevo ligeramente batida con 25 ml de nata para montar o leche

Un molde de pan de 500 g engrasado

1 Mezcla en un cuenco grande la harina, el azúcar y la sal.

2 En otro cuenco desmiga la levadura en el agua, la leche y las yemas de huevo, y bate para que se disuelva y se mezcle todo. Añádelo a la mezcla seca, mezclando todo con las manos, o con la espátula o una rasqueta de panadero si tienes una, hasta que la masa se una: estará muy pegajosa en esta fase. Cubre la superficie con film transparente y déjala reposar a temperatura ambiente 20 minutos.

3 Vierte la masa sobre una superficie ligeramente enharinada y amásala 15-20 minutos (véanse las páginas 135-136). Luego añade la mantequilla, unos dados cada vez, amasando la masa para incorporarlos antes de añadir más). Añade los ingredientes adicionales que quieras. Enharina un poco toda la superficie de la masa y devuélvela al cuenco. Cúbrela con film de nuevo y refrigérala 1 hora.

4 Saca la masa de la nevera, moldéalo como un pan de molde de unos 25 x 15 cm y colócalo en el molde preparado, con la unión hacia abajo. Una vez hecho esto, refrigéralo 1 hora más. Luego retíralo de la nevera y déjalo reposar a temperatura ambiente 30 minutos.

5 Precalienta el horno a 220 °C si es de aire (al 9 si es de gas).

6 Pincela la superficie de la masa con el baño de huevo batido. Baja la temperatura del horno a 180 °C si es de aire (al 6 si es de gas) y hornea 35-40 minutos, procurando que no se queme la superficie. Puede que tengas que bajar la temperatura del horno a 150 °C si es de aire (al 5 si es de gas) transcurridos 30 minutos si se está empezando a dorar demasiado.

7 Retira el brioche del horno y deja que se enfríe en el molde 10 minutos antes de pasarlo a una rejilla para que se enfríe por completo.

PARA HACER BRIOCHE DE CARDAMOMO Y DÁTILES: Después de la fase de mezcla, añade las semillas molidas de 5 vainas de cardamomo verde (utiliza un mortero o un molinillo de especias) y 10 dátiles deshuesados y picados.

BAGELS DE *BRIOCHE* ESPECIADO CON SEMILLAS DE AMAPOLA

Esta receta se desarrolló para celebrar la historia de la calle Brick Lane de East London. La gente ha estado peregrinando hasta Brick Lane en busca de bagels desde mucho antes de convertirse en destino para hipsters. Según un taxista que conocí, veinte años antes, la única razón por la cual alguien pedía un taxi hacia esa zona de la ciudad era por los bagels de las 4 de la mañana, o bien para conseguir los periódicos a primera hora de la mañana, pues allí es donde se distribuían primero. Esta receta celebra la rica historia cultural de las gastronomías de Brick Lane pasadas y presentes, combinando elementos de los protestantes franceses (brioche), la población judía (bagel) y la comunidad bangladesí (la mezcla de especias y las semillas de amapola). Todas estas comunidades han habitado en la zona a lo largo de los años y la han hecho famosa por su comida.

TIEMPO DE PREPARACIÓN

1 hora, más los tiempos de
  enfriamiento, levado y reposo

TIEMPO DE COCCIÓN

10 minutos

UNIDADES: 12

⅓ de cucharadita de clavo molido

½ cucharadita de semillas de
  cardamomo molidas

¼ de cucharadita de canela molida

⅓ de cucharadita de mezcla de
  especias

1 medida de masa de brioche sin cocer,
  preparada hasta el final del paso 3
  (véase la página 172)

Baño de huevo batido: 1 yema de
  huevo ligeramente batida con 25 ml
  de nata para montar o leche

25 g de semillas de amapola

Dos bandejas de hornear forradas

1 Mezcla en un cuenco las especias y resérvalo.

2 Prepara la masa de brioche, incorporando las especias a la masa de un modo uniforme en el paso 3 (véase la página 172). Refrigera la masa tal como se indica en la receta.

3 Retira la masa de la nevera. Pesa piezas de 60 g, forma con ellas bolas individuales y colócalas sobre la bandeja preparada. Déjalas ahí 5 minutos para que el gluten repose.

4 Presiona un dedo sobre el centro de cada bola y trabaja ese orificio de forma que pueda entrar un dedo de cada mano apuntando en direcciones opuestas. Luego gira un dedo sobre el otro realizando un movimiento circular. Haz el agujero más grande de lo que creas necesario, para permitir que la masa vuelva a extenderse e hincharse durante el levado.

5 Precalienta el horno a 180 °C si es de aire (al 6 si es de gas).

6 Pincela los *bagels* con el glaseado de huevo batido, espolvoréalos con las semillas de amapola, y luego deja que leven (véase la página 137) durante 15-20 minutos.

7 Hornea los *bagels* durante 10 minutos, o hasta que adquieran un bonito tono dorado en la superficie (comprueba si se han dorado por debajo también). Retíralos del horno y deja que se enfríen en la bandeja 10 minutos antes de pasarlos a una rejilla enfriadora para que se enfríen por completo.

BUDÍN DE PAN Y MANTEQUILLA

El budín de pan y mantequilla se elabora en Gran Bretaña desde hace cientos de años. En vidas anteriores se hacía tanto con mantequilla como con médula ósea y podía emplearse pan o arroz, pero en un determinado momento, ambas variantes se distanciaron hasta convertirse en el budín de pan y mantequilla por un lado y el budín de arroz por el otro. Inventado originariamente como una receta de aprovechamiento, los mejores resultados se obtienen con pan duro: si el pan es demasiado reciente, puede que no obtengas más que un revoltijo pastoso.

TIEMPO DE PREPARACIÓN

10 minutos

TIEMPO DE COCCIÓN

20 minutos

RACIONES: 6

½ hornada de *brioche* (véase la
    página 172) en rodajas

120 g de uvas pasas

80 g de mantequilla sin sal fundida

1 medida de crema espesa sencilla,
    enfriada (véase la página 261)

Un molde de tarta cuadrado de 20 cm,
    engrasado

1   Precalienta el horno a 180 °C si es de aire (al 6 si es de gas).

2   Coloca las rodajas de *brioche* bien apretadas en el molde de pastel preparado. Esparce las uvas pasas por encima y pincela todo el *brioche* con la mantequilla fundida. Vierte la crema y hornea durante 20 minutos, o hasta que la crema empiece a cuajar.

VARIANTES: Prueba a macerar las uvas pasas en ron, brandy o grappa toda la noche antes de usarlas, escurriendo el exceso de líquido antes de añadirlas al molde. O bien pincela la superficie del budín recién horneado con mermelada o jalea. Nosotros en la pastelería usamos jalea de uva inglesa casera.

MERENGUE

MERENGUES BÁSICOS 182 · HUESOS DE MERENGUE 185 · MERENGUES DE ALGODÓN DE AZÚCAR 186 · MERENGUES DE CACAO CON CHOCOLATE NEGRO Y PISTACHO 188 · CHAMPIÑONES DE MERENGUE 191 · *ETON MESS* DE PRIMAVERA CON *COULIS* DE RUIBARBO Y NATA DE FLOR DE SAÚCO 192

MERENGUE

El **MERENGUE** se hace con claras de huevo y azúcar, batiéndolo hasta formar picos firmes, y horneándolo hasta conseguir una capa crujiente con un centro blando y suave. El truco para hacer merengue es batir las claras de huevo a la perfección, pero la fase de horneado también es crucial: el merengue debe hornearse muy poco, de modo que la superficie esté crujiente y el interior siga blando; un horneado largo y lento en un horno a baja potencia garantiza que se horneen parcialmente y que luego se sequen lentamente.

Una vez pilles el truco, el merengue es muy sencillo de hacer y también muy versátil. Puedes hacer Pavlova, *Eton Mess* o la cobertura de una tarta, y también bañar merengues en chocolate, picarlos y añadirlos al helado, o bien darles formas decorativas con la manga pastelera.

LA ESPUMA DE HUEVO

El merengue posee una estructura muy delicada, la base de la cual es una «espuma» de huevo reforzada con azúcar. Las claras de huevo producen mucha espuma al batirlas y esto es lo que las hace tan útiles para hacer subir los pasteles: no es el huevo en sí, sino el aire que puede atrapar. La fuerza que hacemos al batir permite que las proteínas de las claras se desarrollen, deshaciendo sus cadenas, y luego, justo cuando reposan, chocan con otras proteínas deshechas y forman una cadena con ellas, atrapando una burbuja de aire, en una pequeña bolsita flexible.

Tu objetivo al hacer espuma con clara de huevo es crear multitud de burbujitas, así que empieza a batir a velocidad baja, o bien tendrás que acabar batiendo grandes bolsas de aire. Una vez hayas conseguido una espuma de pequeñas burbujas, cuanto más rápido batas las claras, más aire se incorporará y mejor se expandirá todo.

EQUIPO

Un cuenco de cobre o metal es lo mejor para batir claras de huevo; el cristal también va bien, pero el plástico es el último recurso: el aceite se pega al plástico, y las moléculas restantes evitarán que las claras se espumen. El aceite es tu enemigo a la hora de batir claras de huevo, y cualquier resto de grasa, aceite o suciedad impedirá que el huevo espume, así que necesitas que todo tu equipo esté impecable. Si frotas todo el equipo con una rodaja de limón o lima y luego lo secas, eliminarás todos los restos de grasa ocultos.

TEMPERATURA DEL HORNO

La temperatura del horno para el merengue deberá ser muy baja: solo quieres hornearlo un poquito, y luego dejar que se seque para que cuaje. Si haces merengues más grandes, puedes apagar el horno tras el tiempo de horneado y dejarlos dentro una hora más o así. El calor residual los irá cuajando, pero no los secará en exceso, de modo que no se desmigajarán ni se desarmarán.

CÓMO BATIR MERENGUES PERFECTOS

SEPARA los huevos (véase la página 20), y procura que no queden restos de yema en las claras (las yemas contienen grasa que impide que las claras se monten correctamente). Coloca las claras en un cuenco limpio y seco y ten preparada tu batidora.

Ahora, con la batidora a velocidad baja, empieza a batir las claras. Cuando empiecen a formar una ligera espuma, añade una pizquita de zumo de limón: la acidez del zumo hará bajar el pH de las claras a un nivel en el que las proteínas podrán desarrollarse más fácilmente. Esto estabilizará las claras y les ayudará a alcanzar el máximo volumen. (Si no dispones de zumo de limón, puedes emplear otro ácido, como cremor tártaro o vinagre de vino blanco). Aumenta gradualmente la velocidad de tu batidora hasta llegar a velocidad media, luego a velocidad alta, hasta que las claras estén casi rígidas, lo que se conoce como fase de picos suaves.

Ahora tienes que añadir el azúcar: esto ayuda a reforzar la espuma de huevo. Procura no añadirlo demasiado pronto, o impedirás que las proteínas formen enlaces. Solo debe añadirse en esta fase de picos suaves.

Empieza a añadir el azúcar muy gradualmente, en tandas de unas 2 cucharadas, batiendo al menos 30 segundos entre cada adición. Habrás acabado cuando las claras formen picos firmes. Compruébalo alzando el brazo batidor hacia arriba, fuera del cuenco: si las claras montadas se aguantan de punta y mantienen su forma, están listas; si se desploman, es que aún están en la fase de picos suaves y no están listas del todo.

PICOS SUAVES

PICOS FIRMES

NOTA: Procura no ir demasiado lejos, o romperás la espuma. A medida que los enlaces de proteínas aumentan y se estrechan más, exprimen su contenido acuoso. Si vas demasiado lejos, las paredes de las burbujas se secarán y explotarán, la espuma se desmoronará y no subirá.

CONSEJO: Sujeta el cuenco en ángulo, para forzar el líquido a ir hacia arriba y atrapar más aire.

MERENGUE BÁSICO

He aquí una receta sencilla de merengue que puedes utilizar y adaptar para confeccionar merengues de diferentes formas y sabores. Los merengues se conservan bien en recipientes herméticos máximo 2 semanas. Tus claras serán muy delicadas una vez montadas, así que tendrás que tocarlas lo menos posible y meterlas en el horno enseguida para que no se derrumben.

TIEMPO DE PREPARACIÓN

15 minutos

TIEMPO DE COCCIÓN

1 hora, más 1 hora de enfriamiento
en el horno

UNIDADES: 10

6 claras de huevos grandes a
temperatura ambiente
1 cucharadita de zumo de limón
280 g de azúcar superfino

Una bandeja de hornear forrada

1   Precalienta el horno a 120 °C si es de aire (al 1 si es de gas).

2   Bate en un cuenco las claras de huevo (véase la página 181) con el zumo de limón hasta formar picos blandos (unos 5 minutos). Añade lentamente el azúcar mientras bates, incorporándolo en tandas de 2 cucharadas, y continúa hasta formar picos firmes.

3   Con la ayuda de una manga pastelera, dispensa las claras de huevo montadas formando gotas sobre la bandeja de hornear y hornéalas durante 1 hora o hasta que cuajen. Apaga el horno y deja secar dentro los merengues 1 hora más.

CONSEJO: Haz un punto de merengue con la manga pastelera en cada esquina de la bandeja de hornear para pegar el papel de hornear sobre la bandeja: esto resulta especialmente útil si tienes un horno con ventilador, pues podría hacer volar los merengues y desplazarlos.

CONSEJO: Si haces una remesa grande y tienes un horno repleto de merengues deshidratándose, habrá muchísima humedad en el horno, así que puede que tengas que aumentar ligeramente la temperatura hacia la mitad del tiempo de horneado para eliminar el vapor.

HUESOS DE MERENGUE

Estos huesos son perfectos para Halloween, acompañados de una «sangrienta» guarnición de coulis de frutas del bosque. Puedes emplear el mismo método para hacer la mayoría de formas de merengue que quieras, siempre que los puntos de unión sean lo suficientemente gruesos como para aguantarse.

TIEMPO DE PREPARACIÓN

20 minutos

TIEMPO DE COCCIÓN

1 hora, más 1 hora de enfriamiento

UNIDADES: 20

1 medida de merengue básico sin cocer
   (véase la página 182)

1 medida de *coulis* de frutas del bosque
   (véase la página 256)

Una bandeja de hornear forrada

1 Precalienta el horno a 120 °C si es de aire (al 1 si es de gas).

2 Haz el merengue básico y vierte la mezcla en una bolsa para manga pastelera con una boquilla del 10.

3 Dispensa el merengue sobre la bandeja de hornear dándole la forma deseada: empieza por el extremo redondeado del hueso y sigue bajando para formar la parte más larga del hueso, y acaba con el extremo redondo opuesto. Repite en el sentido opuesto, entrecruzando los huesos, superponiendo el merengue a lo largo del hueso, y procurando que no queden puntos frágiles donde el merengue sea demasiado fino y se pueda quebrar.

4 Hornea durante 1 hora o hasta que cuajen. Apaga el horno y deja secar dentro los merengues 1 hora más.

5 Retíralos del horno y sírvelos con el *coulis* «sangriento».

MERENGUES DE ALGODÓN DE AZÚCAR

Hice estos merengues de algodón de azúcar para la presentación de una joyería cuya decoración temática era un parque de atracciones. El expositor está hecho de espuma de poilestireno recubierta de papel.

TIEMPO DE PREPARACIÓN

30 minutos

TIEMPO DE COCCIÓN

1 hora y **5** minutos,
  más 1 hora de tiempo de enfriamiento

UNIDADES: 10

200 g de chocolate de tu elección,
  cortado a trozos
1 hornada de merengue básico
  (véase la página 182)
Palos de piruleta/*cakepops*
Espray de brillo rosa comestible
  (opcional)

Una bandeja de hornear forrada

1 Funde el chocolate en un hervidor de doble pared (véase la página 196). Cuando los merengues se hayan enfriado, utiliza un palo para perforar con cuidado la base de cada uno en el centro. Retira el palo y báñalo en chocolate aproximadamente unos 2,5 cm. Reinsértalo y sujétalo unos 30 segundos, hasta que empiece a cuajar. Si sientes que está estable, puedes meterlo en la nevera o dejarlo en un lugar fresco para que cuaje por completo.

2 Saca los merengues de la nevera y rocíalos por encima con el espray de brillo, si lo usas.

MERENGUES DE CACAO
CON CHOCOLATE NEGRO Y PISTACHO

El azúcar superfino dorado de esta receta aporta a los merengues un sabor a caramelo más profundo. Prueba a usar diferentes tipos de azúcar en tus merengues, pero procura utilizar siempre alguna variedad de azúcar superfino.

TIEMPO DE PREPARACIÓN

20 minutos

TIEMPO DE COCCIÓN

I hora, más el tiempo de enfriamiento

UNIDADES: 20

5 claras de huevo

I cucharadita de zumo de limón

Una pizca de sal

230 g de azúcar superfino dorado

30 g de cacao en polvo tamizado

150 g de chocolate negro (mínimo 70% de masa de cacao) cortado a trozos

80 g de pistachos, machacados en un mortero, o bien picados toscamente hasta que estén finos, pero sin reducirlos a polvo

Una bandeja de horno forrada

1   Precalienta el horno a 120 °C si es de aire (al I si es de gas).

2   Bate en un cuenco las claras de huevo (véase la página 181) con el zumo de limón y la sal hasta formar picos blandos. Añade lentamente el azúcar mientras bates, incorporándolo en tandas de 2 cucharadas, y continúa hasta obtener picos firmes. Incorpora el cacao mediante una cuchara de metal o una espátula.

3   Con la ayuda de una cucharita de postre de metal o una manga pastelera con una boquilla IM (una boquilla de estrella abierta de 1,5 cm), dispensa 20 bolas de merengue sobre la bandeja de hornear.

4   Hornéalas durante I hora, o hasta que cuaje, luego apaga el horno y deja secar los merengues dentro I hora más.

5   Una vez fríos, funde el chocolate en un hervidor de doble pared (véase la página 196) y baña con mucho cuidado la base de cada merengue, primero en el chocolate y luego en el pistacho picado. También puedes utilizar una cucharilla de té para rociar en zigzag el chocolate sobre cada merengue y espolvorear el pistacho.

CHAMPIÑONES DE MERENGUE

Otro ingenioso uso del humilde merengue: estos champiñones pueden quedar muy realistas. Prueba a decorar un pastel con ellos: pégalos a la parte superior con un poco de chocolate fundido y rodéalos con «tierra» de cacao en polvo.

TIEMPO DE PREPARACIÓN

20 minutos

TIEMPO DE COCCIÓN

1 hora, más 1 hora de enfriamiento en el horno

UNIDADES: 20

5 claras de huevo

1 cucharadita de zumo de limón

Una pizca de sal

230 g de azúcar superfino

30 g de cacao en polvo tamizado, y un poco más para espolvorear

100 g de chocolate de tu elección, cortado a trozos

Una bandeja de hornear forrada

1 Precalienta el horno a 120 °C si es de aire (al 1 si es de gas).

2 Bate en un cuenco las claras de huevo (véase la página 181) con el zumo de limón y la sal hasta formar picos blandos. Añade lentamente el azúcar mientras bates, incorporándolo en tandas de 2 cucharadas, y continúa hasta obtener picos firmes. Divide la mezcla en dos e incorpora dos tercios del cacao en polvo en una mitad (para los sombreros de los champiñones) y el resto del cacao en polvo en la otra mitad (para el tallo de los champiñones).

3 Con la ayuda de una boquilla redonda, dispensa las claras montadas sobre la bandeja preparada formando líneas cortas para hacer los tallos de los champiñones, procurando que tengan una base bastante ancha y que sean lo bastante rectos como para que tengan algo de estabilidad.

4 Una vez confeccionadas todas las bases, haz un número idéntico de redondas abovedadas para formar los sombreros de los hongos.

5 Hornea durante 1 hora, o hasta que cuaje, luego apaga el horno y deja secar dentro los merengues una hora más.

6 Funde el chocolate en un hervidor de doble pared (véase la página 196) y utiliza una pizca del chocolate fundido para pegar los tallos a los sombreros de los champiñones. Puede que tengas que cortar con cuidado la punta de la base para conseguir una base plana. Espolvorea los champiñones con más cacao.

ETON MESS DE PRIMAVERA CON COULIS DE RUIBARBO Y NATA DE FLOR DE SAÚCO

El Eton Mess se servía tradicionalmente en el partido de críquet anual del Eton College contra el Winchester College, y así ha sido desde el siglo XIX. Originalmente se confeccionaba con plátanos, fresas y crema o helado, pero ahora se suele servir solo con fresas y crema. Es un postre muy propenso a la adaptación, así que anímate a hacerlo como quieras. Puedes utilizar nata montada normal en lugar de la nata con flor de saúco que utilizamos aquí.

TIEMPO DE PREPARACIÓN

1 hora

TIEMPO DE COCCIÓN

3 horas

RACIONES: 8

2 kiwis, pelados y picados toscamente

150 g de fresas, limpias y partidas por
   la mitad

75 g de moras

La pulpa de 2 frutas de la pasión

Un puñado de cerezas

1 remesa de *coulis* de ruibarbo o de
   coulis de frutas del bosque
   (véase la página 256), fría

PARA EL MERENGUE

4 claras de huevo

1 cucharadita de zumo de limón

200 g de azúcar superfino

½ cucharadita de extracto de vainilla

**PARA LA NATA DE FLOR
DE SAÚCO**

400 ml de nata para montar

50 g de azúcar glas tamizado

4 cucharadas de licor de flor de saúco

Una bandeja de hornear forrada

1 Precalienta el horno a 120 °C si es de aire (al 1 si es de gas).

2 Bate en un cuenco las claras de huevo (véase la página 181) con el zumo de limón hasta formar picos blandos. Añade lentamente el azúcar mientras bates, incorporándolo en tandas de 2 cucharadas, y continúa hasta obtener picos firmes.

3 Incorpora la vainilla. Con una cuchara de metal, vierte 4 cucharadas grandes de las claras montadas sobre la bandeja de horno preparada y hornea los merengues hasta que estén casi completamente secos, pero aún ligeramente blandos en el centro: unas 3 horas. Retíralos del horno y deja que se enfríen.

4 Cuando estén listos para servir, monta la nata con el azúcar glas y el licor de flor de saúco hasta formar remolinos suaves. Despedaza con cuidado los merengues fríos con las manos. Mezcla con suavidad los merengues a trozos, la fruta y la nata, y rocía generosamente con el *coulis*. Sírvelo inmediatamente.

CHOCOLATE

TRUFAS DE CAFÉ Y NUECES PECÁN 198 · TRUFAS DE WHISKY 200 · TARTALETAS DE GANACHE CON *HONEYCOMB* 202 · BOMBONES DE ORO FALSO 205 · CHOCOLATE CALIENTE A LA ABSENTA 206 · LÁMINAS DE CHOCOLATE 209 · FORMAS DE CHOCOLATE 209 · FRUTA BAÑADA EN CHOCOLATE 209

CHOCOLATE

El **CHOCOLATE** se utiliza desde hace casi 4.000 años, y los historiadores afirman haber hallado evidencias de bebidas de cacao que se remontan al año 1900 antes de Cristo. Las teorías sobre sus orígenes varían, pero está claro que el chocolate es apreciado por muchas culturas y que posee una historia muy rica. En América Latina, en la antigüedad las semillas de cacao se consideraban tan valiosas que incluso eran utilizadas como moneda. Los mayas y los aztecas lo veneraban como algo sagrado y le asignaban propiedades divinas y mágicas; lo denominaban «el alimento de los dioses» y creían que al tomarlo, se accedía a la sabiduría y el poder. Los aztecas incluso afirmaban que fue su dios Quetzalcóatl quien robó la planta del cacao del paraíso y la trajo a la Tierra a lomos del rayo de luz de la estrella de la mañana.

Dice la leyenda que los europeos descubrieron el chocolate cuando el rey azteca confundió a un conquistador español por una deidad y le dio la bienvenida con un banquete que incluía una bebida de cacao. Se cree que hasta la fecha el chocolate solo se había servido como bebida amarga, y que fueron los españoles quienes finalmente lo endulzaron en el siglo XV, añadiendo especias, vainilla, miel y azúcar. Desde España, el chocolate se extendió con el tiempo por toda Europa, pues era una bebida muy codiciada y novedosa. En el año 1674, una cafetería de propiedad francesa en Londres empezó a hacer repostería con chocolate, incluidos pasteles y bollos.

En el último siglo se extendieron las innovaciones con el chocolate a muy bajo coste, con mucho azúcar y aditivos en aumento y una cantidad inversamente proporcional de cacao, pero en los últimos diez años, el chocolate más puro ha experimentado un resurgimiento y ahora existen más chocolates de calidad y de comercio justo para comer y cocinar.

ELEGIR UN CHOCOLATE PARA COCINAR

El chocolate negro sin azúcar añadido es el mejor para la mayoría de recetas de repostería. Busca un chocolate que tenga como mínimo un 70% de sólidos de cacao, de buena calidad, buen sabor y textura sedosa. Prueba varios y decide cuál te gusta más. No utilices chocolate que incluya grasa vegetal en su lista de ingredientes, y elige un chocolate que también te gustaría comer sin nada. Algunas de las marcas que me gustan son Valrhona, Original Beans, Guittard, Callebaut, Divine y Green & Black's.

UTILIZAR UN HERVIDOR DE DOBLE PARED (BAÑO MARÍA)

Muchas de las recetas de este libro hablan de calentar chocolate, nata y otras salsas con mucho cuidado, y ponerlas en una olla directamente sobre el fuego no te permite controlar lo suficiente la transferencia de calor. Un hervidor de doble pared, también conocido como baño María, te ayudará a controlar la temperatura mejor y evitar que el chocolate y las salsas, por ejemplo, una crema, se «corte», se pegue o se queme al retirarla del fuego directo. No necesitas ningún equipo especial para hacer un hervidor de doble pared: puedes hacer uno colocando un cuenco de metal o de cristal resistente al calor que se ajuste bien sobre una olla con agua calentada a fuego lento. Aquí tienes cómo hacerlo:

Coloca tu cuenco sobre la olla de agua calentada a fuego lento, asegurándote de que el cuenco no toca el agua de la olla: se calentará a través del vapor atrapado en la olla, que nunca excederá los 100 °C (la temperatura de ebullición del agua). Cuando hayas acabado, procura siempre secar la base del cuenco antes de retirar nada de su interior, de modo que no derrames agua sobre lo que estés haciendo y lo malogres.

NOTA: Funde siempre el chocolate lentamente y a temperatura muy baja, removiendo constantemente. Sigue las instrucciones específicas de cada receta.

EXUDACIÓN

Si en tu chocolate aparecen unas manchas grises después de calentarlo y enfriarlo, esto se llama «exudación» y no significa que el chocolate se haya estropeado, sencillamente «se ha destemplado» (véase más abajo). La exudación se da cuando al calentar el chocolate, este pierde su emulsión y se separa el chocolate de la grasa. Si esto sucede, no te asustes, puedes derretir el chocolate y reutilizarlo. La exudación se puede evitar templando correctamente el chocolate (véase más abajo).

TEMPLADO

Al control de la temperatura a la que fundes el chocolate para garantizar una cristalización uniforme de la manteca de cacao mientras se solidifica se le llama «templado». Puede ser un proceso ligeramente complicado y laborioso que requiere algo de tiempo para dominarlo, y si vas a trabajar mucho con chocolate, vale la pena que te compres un termómetro y leas bien cómo hacerlo correctamente. Sin embargo, puedes apañártelas con todo el manejo de chocolate que se necesita para las recetas de este libro procurando seguir cuidadosamente los consejos indicados en cada receta, y utilizando la «prueba de los labios» para determinar si el chocolate está listo (véase más abajo).

LA «PRUEBA DE LOS LABIOS»

Es un práctico truco que me enseñó uno de mis reposteros, quien lo aprendió de su tío, que fue *pâtissier* en Fortnum & Mason's durante muchos años. Mete un dedo en el chocolate fundido y toca con él tu labio para comprobar su temperatura. Cuando está listo, debería parecer ligeramente frío: los labios son muy sensibles y registrarán la temperatura mejor que tu dedo, y si está frío eso significa que está justo por debajo de tu temperatura corporal (37 °C), que es la adecuada. Si parece caliente, es probable que esté por encima de los 40 °C, es decir, aún demasiado caliente para usarlo. Reduce la temperatura añadiendo algunos trocitos de chocolate picado y remueve para deshacerlos.

TRUFAS DE CAFÉ Y NUECES PECÁN

Esta sencilla receta de trufas se puede adaptar fácilmente a tus gustos: prueba a infusionar diferentes sabores en la ganache, o utiliza frutos secos tostados diferentes. Las trufas se conservan bien en la nevera, en un recipiente hermético, durante 3-4 días. Yo utilizo polvos de brillo comestibles para decorarlas: los pinto sobre trozos de granos de cacao, almendras tostadas y láminas de chocolate, que se pegan fácilmente con un punto de chocolate fundido. Antes también utilizaba una pizca de sal en escamas, flores comestibles, especias en polvo y salpicaba chocolate blanco. Echa un vistazo en tu cocina para ver qué tienes a mano.

TIEMPO DE PREPARACIÓN

25 minutos, más los tiempos de enfriamiento y refrigeración

TIEMPO DE COCCIÓN

10 minutos

UNIDADES: 20-25

260 g de nueces pecán tostadas
(véase la página 257)

PARA LA GANACHE

250 g de chocolate negro (mínimo 70% de sólido de cacao) cortado a trozos

20 g de mantequilla sin sal a dados

250 ml de nata para montar

3 cucharadas de café expreso muy cargado

PARA LA COBERTURA

250 g de chocolate negro (mínimo 70% de sólido de cacao) cortado a trozos

Una bandeja de hornear forrada

1 Deja enfriar por completo las nueces pecán y reserva algunas de las más bonitas para usarlas enteras. Pica toscamente el resto, procurando que los trozos sean lo suficientemente finos para usarlos como cobertura.

2 Haz la ganache con las cantidades indicadas a la izquierda y siguiendo el método descrito en la página 259, añadiendo el café en el cuenco del chocolate antes de ponerlo en el fuego. Vierte la mezcla en la bandeja de hornear, lo ideal es que cuaje unos 2,5 cm de profundidad. Refrigéralo para que cuaje entre 30 minutos y 1 hora. Vigílalo, pues quieres que se mantenga maleable, no que se quede duro como una piedra.

3 Retíralo de la nevera y utiliza una cucharilla para tomar bolas de ganache: redondéalas con las manos con esmero o más toscamente, según prefieras, y colócalas sobre una bandeja de hornear recién forrada. Devuélvelas a la nevera durante 15 minutos más o hasta que estén un poco más firmes.

4 Para hacer la cobertura, coloca el chocolate restante en un hervidor de doble pared (véase la página 196) para fundirlo. Retíralo del fuego cuando el chocolate esté prácticamente fundido y remuévelo para que se acabe de fundir. Utiliza la «prueba de los labios» (véase la página 197) para determinar cuándo la temperatura está justo por debajo de la temperatura corporal.

5 Vierte las trufas firmes en el chocolate fundido, recúbrelas con la ayuda de una cucharilla y luego retíralas, dejando escurrir el exceso de chocolate. Reboza inmediatamente las trufas en las nueces pecán picadas y luego coloca una nuez pecán entera encima antes de que el chocolate haya cuajado. Pasa las trufas a una bandeja de hornear forrada con una hoja nueva de papel de hornear y deja que se enfríen y cuajen a temperatura ambiente.

TRUFAS DE WHISKY

Esta ganache de chocolate, mantequilla quemada y whisky es absolutamente deliciosa y no debería limitarse su uso a esta receta: pruébala con una masa dulce o una tartaleta de chocolate (véanse las recetas en la página 112).

TIEMPO DE PREPARACIÓN

40 minutos, más los tiempos de enfriamiento y refrigeración

TIEMPO DE COCCIÓN

5 minutos

UNIDADES: 28

PARA LA GANACHE

80 g de mantequilla sin sal a dados

200 ml de nata para montar

250 g de chocolate negro (mínimo 70% de sólido de cacao) cortado a trozos

3 cucharadas de Laphroaig, o cualquier otro whisky que te guste

PARA LA COBERTURA

220 g de chocolate negro (mínimo 70% de sólido de cacao) cortado a trozos

Una bandeja de hornear forrada

1. Haz la mantequilla quemada. Funde la mantequilla en una olla de fondo grueso y a fuego medio/alto durante 2 minutos, removiendo constantemente hasta que adquiera un tono tostado oscuro (no debería llegar a marrón oscuro o negro). Retírala del fuego y resérvala para que se enfríe por completo.

2. Haz la ganache con las cantidades indicadas a la izquierda y siguiendo el método descrito en la página 259, y añade el whisky batiéndolo en el paso final. Vierte la mezcla en la bandeja de hornear, lo ideal es que cuaje unos 2,5 cm de profundidad. Refrigéralo para que cuaje entre 30 minutos y 1 hora. Vigílalo, pues quieres que se mantenga maleable, no que se quede duro como una piedra.

3. Retíralo de la nevera y utiliza una cucharilla para tomar bolas de ganache: redondéalas con las manos con esmero o más toscamente, según prefieras, y colócalas sobre una bandeja de hornear recién forrada. Devuélvelas a la nevera durante 15 minutos más o hasta que estén un poco más firmes.

4. Para hacer la cobertura, coloca el chocolate restante en un hervidor de doble pared (véase la página 196) para fundirlo. Retíralo del fuego cuando el chocolate esté prácticamente fundido y remuévelo para que se acabe de fundir. Utiliza la «prueba de los labios» (véase la página 197) para determinar cuándo la temperatura está justo por debajo de la temperatura corporal.

5. Vierte las trufas firmes en el chocolate fundido, recúbrelas con la ayuda de una cucharilla y luego retíralas, dejando escurrir el exceso de chocolate. Pasa las trufas a una bandeja de hornear forrada con una hoja nueva de papel de hornear y deja que se enfríen y cuajen a temperatura ambiente.

UNA IDEA PARA DECORAR

Sigue las instrucciones para hacer láminas de chocolate de la página 209.
Rómpelas en pequeñas láminas y pégalas sobre cada trufa con una pizca
de chocolate fundido. Píntalas con polvo de brillo, o déjalas tal cual.

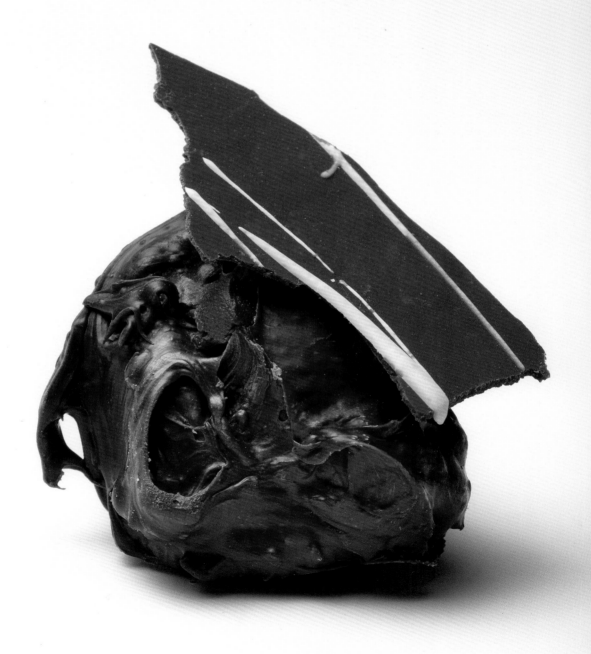

TARTALETAS DE GANACHE CON *HONEYCOMB*

Estas tartaletas son muy dulces y delicadas, y nadie se resiste cuando las ve brillar en un expositor de pasteles. Quien avisa no es traidor…

TIEMPO DE PREPARACIÓN

1 hora

TIEMPO DE COCCIÓN

35 minutos

UNIDADES: 12

1 medida de masa quebrada dulce o
salada (véanse las páginas 100-101)

Baño de huevo batido: 1 yema de
huevo ligeramente batida con 25 ml
de nata para montar o leche

1 medida de relleno de ganache
(véase la página 259)

1 medida de *honeycomb*, cortada
en trozos pequeños
(véase la página 233)

Una bandeja para *cupcakes/*
magdalenas de 12 unidades

1 Precalienta el horno a 180 °C si es de aire (al 6 si es de gas).

2 Extiende la masa a un grosor de unos 3 mm y corta círculos que se ajusten a los orificios de la bandeja para *cupcakes/*magdalenas que has preparado, dejando algo de masa extra para cubrir los lados (aproximadamente círculos de 10 cm para una bandeja de *cupcakes* estándar). Presiona los círculos cuidadosamente dentro de los orificios y refrigéralos unos 30 minutos. Forra las bases, cúbrelas con legumbres de hornear y hornéalas sin relleno (véase la página 98) unos 10-15 minutos, o hasta que empiecen a dorarse. Retíralas del horno, pincela la superficie con el baño de huevo batido, y vuelve a hornearlas 2 minutos más para sellarlas. Retíralas del horno y deja que se enfríen.

3 Reparte la ganache entre las bases de tartaleta cuando esté fría, pero aún siga líquida (utiliza la «prueba de los labios», véase la página 197). Deja que cuajen por completo, aproximadamente 1 hora (puedes guardarlas en la nevera para acelerar el proceso) antes de adornarlas con el *honeycomb*.

VARIANTES: Esta tartaleta es muy versátil; prueba a añadir una bolsa de té Earl Grey en la nata mientras la calientas (retírala antes de añadir el chocolate), o bien aromatízala con té, espolvorea la tartaleta acabada con pistachos, o cúbrela con bayas frescas.

BOMBONES DE ORO FALSO

Estos dulces constituyen un excelente canapé o tentempié bien ostentoso. La efervescencia del caramelo carbonatado granulado se mantiene gracias a una astuta cobertura de chocolate: así se evita que los líquidos, el calor o la fricción alcancen los gránulos y los activen. Puedes hacer los bombones con chocolate con leche o con chocolate negro, y emplear otros frutos secos si no te gustan las almendras.

TIEMPO DE PREPARACIÓN

20 minutos, más el tiempo de refrigeración

TIEMPO DE COCCIÓN

5 minutos

UNIDADES: 20

30 g de almendras laminadas tostadas (opcional, véase la página 257)

600 g de chocolate con leche o chocolate negro (mínimo 70% de sólidos de cacao) cortado a trozos

3 bolsitas de 5 g de caramelo carbonatado granulado (tipo Peta Zetas)

½ vial de polvo de brillo dorado

Un pincel limpio (opcional)

Una bandeja de hornear forrada

Un molde para pastel o una bandeja de hornear honda, forrada

1 Precalienta el horno a 200 °C si es de aire (al 7 si es de gas).

2 Funde el chocolate en un hervidor de doble pared (véase la página 196) a fuego bajo. Retíralo del fuego cuando el chocolate esté prácticamente fundido y remuévelo para que se acabe de fundir. Utiliza la «prueba de los labios» (véase la página 197) para determinar cuándo la temperatura está justo por debajo de la temperatura corporal.

3 Pica toscamente los frutos secos, o rompe un poco las almendras laminadas con la mano y añádelas con los caramelos efervescentes al chocolate frío (pero aún líquido).

4 Vierte la mezcla en el molde de pastel preparado o la bandeja de hornear honda y refrigérala durante 20-30 minutos, o bien hasta que empiece a endurecerse, pero aún resulte maleable.

5 Retira la mezcla de la nevera y toma con una cuchara pequeños trozos del chocolate y moldéalos con las manos formando aproximadamente unas 20 «rocas» pequeñas. Colócalas en una bandeja recién forrada y devuélvelas a la nevera para que cuajen completamente.

6 Retira las rocas y cúbrelas con el polvo de brillo. La forma más rápida y sencilla de hacerlo es introducir las rocas de chocolate con un pincel en un cuenco pequeño con el brillo: de este modo cubrirás todos los ángulos de un modo más denso e uniforme que pintándolas de una en una.

NOTA: Procura utilizar un pincel nuevo, o bien uno que solo hayas empleado con alimentos.

CHOCOLATE CALIENTE A LA ABSENTA

Decidí hacer esta bebida la primera vez que acudí a un mercado nocturno. Era Navidad y sabía que necesitaría algo sustancioso (y embriagador) para mantener mi temperatura y mis ánimos en alza. Lo servimos con jengibre especiado (véase la receta en la página 144). Guárdalo en la nevera como máximo 3 días y recaliéntalo cuando lo necesites. Lo que el vino caliente no cure...

TIEMPO DE PREPARACIÓN

10 minutos

TIEMPO DE COCCIÓN

5 minutos

UNIDADES: 2-3

400 g de chocolate negro (mínimo 70% de sólidos de cacao) cortado a trozos

60 ml de nata para montar

60 ml de leche entera

Una pizca de sal marina

100 ml de absenta

1 Coloca el chocolate en un cuenco de metal mediano y resérvalo.

2 Calienta la nata y la leche en una olla a fuego medio/bajo justo hasta que empiece a burbujear por los laterales (que no esté hirviendo, sino casi a punto). A continuación, vierte lentamente la nata caliente sobre el chocolate y déjalo asentar 1-2 minutos.

3 Espolvorea la sal y bate cuidadosamente para unirlo. Vierte la mezcla de nuevo en la olla, devuélvela al fuego y añade la absenta. Remueve la mezcla sobre el fuego un minuto o dos antes de servirla caliente.

DECORACIONES DE CHOCOLATE

Estas hermosas decoraciones de chocolate son muy sencillas y fáciles de preparar y harán que cualquier pastel o tarta presente un aspecto espectacular con un solo gesto. Solo tienes que colocarlas sobre un pastel, o bien pegarlas por toda la superficie con una capa de crema de mantequilla (véanse las recetas en las páginas 254-255).

LÁMINAS DE CHOCOLATE

200 g de chocolate negro
  (mínimo 70% de sólidos de cacao)
  cortado a trozos
½ cucharadita de mantequilla sin sal

Papel de hornear

CONSEJO: Procura secar bien la base del cuenco antes de retirarlo del hervidor de doble pared, o podrías verter agua dentro del chocolate.

1 Funde el chocolate y la mantequilla en un hervidor de doble pared (véase la página 196) a fuego medio. Retíralo del fuego cuando se hayan fundido unos dos tercios, y remueve para fundir el resto.

2 Con la ayuda de una espátula, extiende el chocolate sobre una hoja de papel de hornear hasta formar una hoja fina (no tan fina que se pueda ver a través de ella). Coloca otra hoja de papel encima y alísala, eliminando las bolsas de aire. Enrolla con cuidado las hojas en un cilindro y guárdalas en la nevera para que fragüen completamente, más o menos 1 hora. Cuando las desenrolles, el chocolate se romperá formando láminas.

PARA HACER LÁMINAS DE CHOCOLATE CON CARAMELO CARBONATADO GRANULADO: Deja enfriar el chocolate fundido (utiliza la «prueba de los labios», véase la página 197) e incorpora con cuidado 2 bolsitas de 5 g de caramelo carbonatado granulado, tipo Peta Zetas (la grasa del chocolate sellará los caramelos y evitará que «exploten»), antes de extenderlo sobre la hoja de papel de hornear.

FORMAS DE CHOCOLATE

200 g de chocolate negro
  (mínimo 70% de sólidos de cacao)
  cortado a trozos
½ cucharadita de mantequilla sin sal

Papel de hornear
Una bandeja de hornear forrada

1 Sigue los pasos 1 y 2 de las instrucciones anteriores, pero en lugar de enrollar las hojas en un cilindro, extiende suavemente las hojas con un rodillo, procurando que el chocolate no se escape por los lados

2 Deja que cuaje a temperatura ambiente hasta que todo el chocolate esté firme, y luego retira el papel. Utiliza un cortador de galletas para cortar formas y trasládalas a la bandeja de hornear preparada. Guárdalas en la nevera hasta el momento de usarlas.

FRUTAS BAÑADAS EN CHOCOLATE

200 g de chocolate negro
  mínimo 70% de sólidos de cacao)
  cortado a trozos
250 g de fruta fresca (fresas, frambuesas
  y *physalis* dan buen resultado)

Una bandeja de hornear forrada

1 Funde el chocolate en un hervidor de doble pared (véase la página 196) a fuego medio. Retíralo del fuego cuando se hayan fundido unos dos tercios, y remueve para fundir el resto. Utiliza la «prueba de los labios» (véase la página 197) para determinar cuándo la temperatura está justo por debajo de la temperatura corporal.

2 Baña la fruta en el chocolate fundido y colócala sobre la bandeja de hornear preparada para que cuaje a temperatura ambiente.

AZÚCAR

GUIRLACHE DE NUECES PECÁN 214 · NUECES PECÁN BLANQUEADAS 216 · FRUTOS SECOS CARAMELIZADOS 217 · DELANTALES DE CUERO DE MANZANA Y PERA «JACK EL DESTRIPADOR» 218 · PALOMITAS DE MAÍZ CON CARAMELO, SAL Y WHISKY 221 · «JOYAS» DE CARAMELO 222 · FRAGMENTOS DE CRISTAL 225 · RODAJAS DE NARANJA CONFITADAS 226 · LIMAS CONFITADAS 226 · AZÚCAR AVAINILLADO 228 · AZÚCAR ESPECIADO 228 · RODAJAS DE NARANJA CARAMELIZADAS 229 · FLORES CRISTALIZADAS 230 · *HONEYCOMB* 233 · ALMÍBAR 234 · REFRESCO DE SANDÍA 235

AZÚCAR

El **CARAMELO** tiene sus orígenes en la medicina. En la Edad Media, los boticarios utilizaban golosinas para administrar sus remedios. Pronto esta práctica se extendió, y en el siglo XV los caramelos ya eran habituales.

Aviso para principiantes: no hay que tener miedo de trabajar con el azúcar. Hay que ser extremadamente cuidadoso, eso sí, pues a menudo implica trabajar con líquidos calientes y pegajosos, pero si te ciñes a la receta y a las instrucciones, todo irá bien.

A menudo se requiere alcanzar temperaturas concretas, así que utiliza un termómetro de azúcar y la tabla de la página opuesta. También necesitarás una olla de fondo grueso, papel de hornear y una espátula de silicona resistente al calor.

UNA NOTA SOBRE LA LIMPIEZA

Después de hacer caramelo, el termómetro y la olla quedarán cubiertos de almíbar de azúcar frío y sólido como una roca, pero no te preocupes: se quitará fácilmente si llenas la olla con agua y la vuelves a poner al fuego hasta que el azúcar se disuelva.

HACER ALMÍBAR

Si calientas azúcar y agua mezclados, el azúcar se licúa, formando un almíbar. Este almíbar puede emplearse tal cual, o bien como base de diversos dulces.

CRISTALIZACIÓN

Una vez licuado, las moléculas de azúcar (sacarosa) intentarán rehacerse ellas mismas como cristales sólidos, formando grumos por los laterales del interior de tu olla. Esto se llama cristalización, y es algo que querrás evitar en la mayoría de los casos.

LOS MEJORES TRUCOS PARA EVITAR LA CRISTALIZACIÓN

- Añadir otro azúcar que no sea sacarosa (como por ejemplo, glucosa líquida) evitará que las moléculas de sacarosa se rehagan (imagínate unas piezas de LEGO intentando unirse mientras otras piezas que no encajan se ponen por en medio).
- Añadir un ácido, como zumo de limón o cremor tártaro, a la mezcla hará que parte de la sacarosa se divida (o se invierta) en sus dos componentes más simples: fructosa y glucosa, lo cual de nuevo se interpondrá en la formación de cristales.
- Asegúrate de que no hay cristales de azúcar (o cristales «semilla») pegados en los laterales de la olla, pues estos atraerán a otros y formarán cristales más grandes. Elimínalos de una pincelada con un pincel de repostería húmedo (y limpio).
- Evita cualquier partícula de polvo o rasguños en la olla que puedan atraer el núcleo del cristal, lo cual también atraería otros cristales.
- No agites la solución en ninguna de las fases. Para ello, toma las siguientes precauciones:
    * Sujeta el termómetro al lateral de la olla y evita moverlo.
    * Vierte el almíbar de la olla (no lo raspes).
    * No inclines ni sacudas la olla.

CÓMO UTILIZAR UN TERMÓMETRO DE AZÚCAR

Un termómetro de **AZÚCAR** resulta muy útil para hacer caramelos: se sujeta al interior de la olla y puede leer temperaturas muy altas. Para obtener los mejores resultados, deberías probar tu termómetro antes de utilizarlo por primera vez (y comprobar de vez en cuando su precisión). Déjalo en una olla con agua hirviendo durante 10 minutos: debería indicar 100 °C . De no ser así, adapta la lectura del termómetro en consecuencia cuando lo utilices. Otro consejo para obtener buenos resultados es procurar que el termómetro no toque el fondo de la olla: necesitas saber la temperatura del azúcar, no la de la olla.

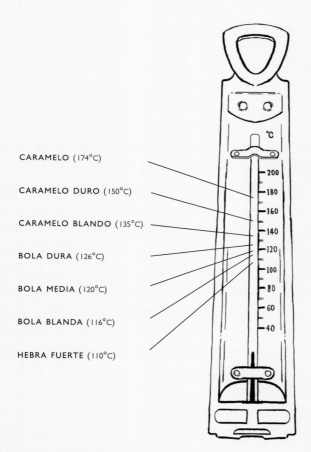

CARAMELO (174°C)
CARAMELO DURO (150°C)
CARAMELO BLANDO (135°C)
BOLA DURA (126°C)
BOLA MEDIA (120°C)
BOLA BLANDA (116°C)
HEBRA FUERTE (110°C)

Antes de que se inventaran los termómetros para caramelo, los reposteros probaban el azúcar en varias fases echando una pizca del almíbar en un cuenco de agua fría: el azúcar reaccionaba muy diferente en cada punto de cocción. La ilustración de arriba enumera los diferentes puntos de cocción con sus temperaturas correspondientes. Es un convertidor muy práctico si te encuentras con una receta que utiliza esos términos como orientación, o si no tienes un termómetro.

El punto de cocción de «hebra fuerte» se comprueba enfriando un poquito de almíbar y luego presionándolo entre el pulgar y el índice: si se ha alcanzado el punto correcto, se formará una hebra. Para el resto de puntos, se echa un pequeño punto de almíbar en agua fría. Un grumo suave indica los puntos de «bola» en diversos grados de dureza, tal como el nombre indica. En el punto de «caramelo blando», el almíbar forma hebras que aún son maleables. En el punto de «caramelo duro», las hebras son quebradizas.

GUIRLACHE DE NUECES PECÁN

El guirlache de nueces pecán se puede comer solo, o bien utilizarse como adorno para helados, pasteles y tartaletas. La pizca de levadura química de esta receta hace el guirlache más ligero y más fácil de masticar, de modo que está a medio camino entre un guirlache y un honeycomb. Lee los consejos sobre cómo trabajar con azúcar de la página 212 antes de empezar.

TIEMPO DE PREPARACIÓN

15 minutos

TIEMPO DE COCCIÓN

15 minutos

CANTIDAD: 500 g

210 g de azúcar superfino

125 ml de agua

125 ml de glucosa líquida

1 cucharada de zumo de limón

Una pizca de sal marina

300 g de nueces pecán tostadas
   (véase la página 257)

1 cucharada de bicarbonato sódico

Termómetro de azúcar

Una bandeja de hornear forrada

1   Introduce el azúcar, el agua, la glucosa líquida, el zumo de limón y la sal en una olla mediana de fondo grueso con un termómetro de azúcar fijado a ella y remueve para mezclarlo todo.

2   Enciende el fuego a nivel medio/alto y deja la mezcla sola. Vigila el termómetro, y cuando alcance el punto de bola dura (120 °C, unos 5 minutos), añade los frutos secos, remueve para recubrirlos y sigue cociendo hasta que la mezcla adquiera un color marrón oscuro (unos 150 °C, 5 minutos más o menos).

3   Retíralo del fuego, vierte el bicarbonato sódico e inmediatamente vierte la mezcla sobre la bandeja preparada. Si no vas con cuidado, la mezcla puede espumar y derramarse por todos lados, y estará muy caliente, así que procura no quemarte. Cuando se enfríe, rompe el guirlache en trozos y disfruta…

NUECES PECÁN BLANQUEADAS

Un hermoso adorno para helados, tartas, crumbles o pasteles de café. Utilízalas picadas o bien enteras. Se conservarán bien durante una semana en un recipiente hermético.

TIEMPO DE PREPARACIÓN

5 minutos

TIEMPO DE COCCIÓN

15 minutos

60 g de nueces pecán

15 g de azúcar glas

Una bandeja de hornear forrada

1 Precalienta el horno a 180 °C si es de aire (al 6 si es de gas).

2 Enjuaga las nueces pecán con agua fría y escúrrelas. Pásalas a un cuenco limpio, tamiza el azúcar glas por encima y remueve rápidamente para recubrirlas lo más uniformemente que puedas.

3 Pasa las nueces a la bandeja de horno preparada y hornéalas durante 15 minutos, girándolas de vez en cuando sacudiendo la bandeja. Viértelas sobre un plato y déjalas enfriar.

FRUTOS SECOS CARAMELIZADOS

Utilízalos como adorno, para añadirlos a un crumble (véase la página 128), o bien por encima de un helado (véase la página 241). Utiliza los frutos secos que te gusten más. Si prefieres utilizar frutos secos picados, tuéstalos primero, verás cómo resultan mucho más fáciles de picar.

TIEMPO DE PREPARACIÓN

5 minutos

TIEMPO DE COCCIÓN

20 minutos

CANTIDAD: 250 g

150 g de frutos secos de tu elección

150 g de azúcar superfino

¼ de cucharadita de sal marina

Una bandeja de hornear forrada

1 Precalienta el horno a 200 °C si es de aire (al 8 si es de gas).

2 Esparce los frutos secos sobre la bandeja preparada y hornea durante 5-10 minutos, o bien cuando desprendan aroma y empiecen a dorarse. Retíralos del horno y déjalos enfriar (pásalos a un plato o una superficie fría para acelerar el proceso).

3 Coloca el azúcar en una olla mediana de fondo grueso a fuego medio, removiendo con una cuchara de madera hasta que empiece a licuarse. Sigue removiendo hasta que el azúcar esté licuado y haya adquirido un color ámbar medio.

4 A continuación, añade rápidamente los frutos secos a la olla, removiendo para recubrirlos todos uniformemente. Una vez recubiertos, espárcelos sobre una bandeja de hornear recién forrada, separando los frutos que estén pegados con la ayuda de un tenedor. Espolvoréalos con sal y deja que se enfríen por completo.

DELANTALES DE CUERO DE MANZANA Y PERA «JACK EL DESTRIPADOR»

Jack el Destripador recibió el apodo de «Delantal de Cuero» de la prensa, después de que encontraran un retal de cuero manchado de sangre cerca de la escena de uno de sus espeluznantes crímenes. Nuestra panadería está justo una calle más arriba de donde tuvieron lugar los asesinatos y, haciendo gala de bastante morbo, hicimos este cuero de frutas para un proyecto que documentaba «La historia de East London en un pastel». ¡El coulis de fresa aporta unas deliciosas manchas de sangre! Guárdalo en un recipiente hermético y en un lugar fresco y seco durante máximo 3 meses.

TIEMPO DE PREPARACIÓN

15 minutos

TIEMPO DE COCCIÓN

12 horas

750 g de mezcla de peras y manzanas Bramley, peladas, descorazonadas y cortadas a trocitos

2 cucharadas de azúcar moreno

El zumo de 1 limón

1 cucharada de aceite de oliva

½ medida de *coulis* de fresa
(opcional, véase la página 256)

Dos bandejas de hornear pequeñas, forradas

1 Precalienta el horno a 60 °C si es de aire (a la temperatura más baja posible, si es de gas).

2 Coloca la fruta, el azúcar moreno y el zumo de limón en una olla de fondo grueso, tápala y cuece la mezcla suavemente hasta que esté lo suficientemente blanda como para hacer puré (unos 20 minutos). Retírala del fuego y tritura con una batidora de brazo, un procesador de alimentos, o bien pasando la fruta por un colador de metal de malla gruesa con la ayuda del dorso de un cucharón. Incorpora el aceite de oliva.

3 Extiende la fruta sobre las bandejas de hornear preparadas y alisa los bordes. Las capas de fruta deberían ser de unos 4-5 mm de grosor.

4 Hornéalo toda la noche, durante 12 horas, hasta que la mezcla esté completamente seca y se despegue fácilmente del papel de hornear. Una vez fría, rómpela o córtala en tiras y salpícala con el *coulis* de fresa, si lo usas.

PALOMITAS DE MAÍZ CON CARAMELO, SAL Y WHISKY

Hice estas palomitas de maíz de caramelo como canapé para una fiesta de inauguración de Dom Pérignon. Originalmente llevaban semillas de alcaravea, pero al acercarse las Navidades las sustituimos por whisky (como sucede con muchas cosas). La levadura química añadida y una larga exposición a fuego bajo aligera el caramelo, dejándolo crujiente, así que no resulta pesado y no se pega en los dientes como suele pasar normalmente. Prueba añadiendo diferentes sabores, como por ejemplo, las semillas de alcaravea originales, vainilla, o bien sustituye el whisky por coñac. Procura hacer más de las que necesitas, pues esta receta resulta irresistible para picar entre horas.

TIEMPO DE PREPARACIÓN

15 minutos

TIEMPO DE COCCIÓN

1 hora

CANTIDAD: 350 G

1 cucharada de aceite vegetal

120 g de maíz para hacer palomitas

120 g de azúcar moreno claro

Una pizca generosa de sal marina

110 g de mantequilla sin sal a
   temperatura ambiente

60 g de glucosa líquida

130 ml de Laphroaig u otro whisky
   de tu gusto

2 cucharaditas de bicarbonato sódico

Dos bandejas de hornear forradas

1   Precalienta el horno a 100° C si es de aire (al ¼ si es de gas).

2   Calienta el aceite vegetal en una sartén grande. Añade el maíz, cubre la sartén y calienta a fuego suave. Sacude la sartén y espera a oír explotar el maíz. Cuando ya haya explotado todo (4-5 minutos), retira los granos que no hayan explotado, pasa las palomitas a un cuenco de metal o de cristal y resérvalas.

3   Coloca el azúcar, la sal, la mantequilla y la glucosa líquida en una olla de fondo grueso a fuego bajo. Remueve lentamente con una cuchara de madera para incorporar todo suavemente a medida que la mantequilla se funde y el azúcar se disuelve. Una vez el azúcar se haya disuelto, sube la temperatura a fuego alto y calienta la mezcla durante 3 minutos. Añade el whisky y calienta todo 2 minutos más. A continuación, retíralo del fuego y añade el bicarbonato sódico.

4   Vierte el caramelo sobre las palomitas de manera que queden cubiertas por una capa ligera e uniforme. Pásalas a las bandejas de hornear preparadas y hornéalas entre 45 minutos y 1 hora, o bien hasta que estén ligeramente infladas: deberían ser ligeras y crujientes, así que si no están listas del todo, devuélvelas al horno un ratito más.

5   Retíralas del horno y déjalas enfriar un poco antes de dividirlas en pequeños grupos.

«JOYAS» DE CARAMELO

Moldear azúcar hirviendo te proporcionará «joyas» muy realistas que resultarán geniales para decorar. Confeccionado así, el caramelo es higroscópico (absorbe el líquido), así que se fundirá transcurrido un tiempo, especialmente si hay humedad en el aire. Una vez hice un montón de joyas para un dragón de mazapán que debía colocarse encima de ellas, delante de un pastel en forma de castillo para niños en el Camp Bestival, pero se fundieron con la humedad, así que al final el dragón estaba sentado sobre un montón de lava. Puedes comprar moldes de silicona para uso alimentario para hacer las joyas en las tiendas de productos para repostería, o bien en tiendas de Internet. Unas cuantas gotas de colorante alimentario te servirán para colorear las joyas: tendrás que hacer varias remesas si quieres confeccionar joyas de diferentes colores. Lee las notas al principio de este capítulo (página 212) para evitar la cristalización del azúcar.

TIEMPO DE PREPARACIÓN

10 minutos

TIEMPO DE COCCIÓN

10 minutos, más el tiempo de enfriamiento

CANTIDAD: 20-25

205 g de azúcar superfino

80 ml de glucosa líquida

Unas cuantas gotas de colorante alimentario en gel

114 ml de agua

Termómetro de azúcar

Moldes de silicona en forma de joyas

1 Coloca el azúcar, la glucosa líquida, el colorante alimentario y el agua en una olla con un termómetro de azúcar fijado y remueve todo para mezclarlo. Calienta a fuego medio hasta llegar a los 150 °C sin remover.

2 Retíralo del fuego y deja enfriar la mezcla hasta 130 °C .

3 Vierte la mezcla en una jarra de cristal resistente al calor y luego viértela con cuidado en los moldes, evitando raspar la olla. El caramelo empezará a endurecerse tan pronto esté lejos del calor, y se acelerará el proceso si intentas verterlo a cucharadas en los moldes, así que trabaja con rapidez. Si te ha sobrado algo de caramelo, puedes echarlo sobre una bandeja de hornear forrada para hacer cristal de azúcar (véase la página 225). Déjalo enfriar hasta que haya cuajado por completo.

FRAGMENTOS DE CRISTAL

El cristal de azúcar se utiliza en todas esas escenas de las películas en las que se rompen cristales: es duro y transparente, más quebradizo que el cristal, y menos peligroso. Como el cristal de azúcar es higroscópico, deberías romperlo poco después de que se haya enfriado por completo, o empezará a absorber líquido y ablandarse, perdiendo su fragilidad. Si quieres hacer fragmentos de azúcar de diferentes colores, tendrás que hacer una remesa nueva para cada color: no intentes dividir la mezcla y teñirla por separado, puesto que tendrás que trabajar deprisa con el líquido antes de que fragüe.

TIEMPO DE PREPARACIÓN

10 minutos

TIEMPO DE COCCIÓN

25 minutos

CANTIDAD: 800 g

500 ml de agua

785 g de azúcar granulado

Unas cuantas gotas de colorante
  alimentario en gel (opcional)

250 ml de glucosa líquida

¼ de cucharadita de cremor tártaro

Una bandeja de hornear poco
  profunda, forrada con papel de
  aluminio, sin grietas

Aceite en espray

Termómetro de azúcar

1 Rocía con el espray de aceite toda la bandeja de hornear preparada por lo menos 30 minutos antes del momento en que la vayas a usar.

2 Coloca el agua, el azúcar, el colorante alimentario (si lo usas), la glucosa líquida y el cremor tártaro en una olla con un termómetro de azúcar fijado y remueve para mezclarlo todo. Lleva a ebullición la mezcla a fuego medio, hasta alcanzar los 150 °C (unos 15 minutos).

3 Retíralo del fuego y deja enfriar la mezcla a 130 °C (unos 10 minutos), y luego viértela rápidamente y con cuidado sobre la bandeja de hornear rociada con aceite. Déjalo enfriar por completo.

4 Retira con mucho cuidado la hoja de azúcar de la bandeja, y a continuación, con la ayuda de un ablandador de carne, golpea con cuidado el centro de la hoja para que se rompa en fragmentos.

CONSEJO: Puedes utilizar un cuchillo afilado para marcar el cristal de azúcar antes de romperlo.

RODAJAS DE NARANJA CONFITADAS

Constituyen un buen adorno, especialmente para pasteles y tartaletas de chocolate. Puedes emplear naranjas sanguinas, si las consigues: te llevarán un poco más de tiempo en el fuego.

TIEMPO DE PREPARACIÓN

5 minutos

TIEMPO DE COCCIÓN

1 hora

300 ml de agua

125 g de azúcar superfino o granulado

2 naranjas, con los extremos cortados y cortadas en rodajas finas y redondas

1 Coloca el agua, el azúcar y las rodajas de naranja en una olla de fondo grueso a fuego medio hasta que la piel empiece a tener un aspecto translúcido (más o menos de 40 minutos a 1 hora).

2 Retíralas del fuego y guárdalas sobre papel de hornear hasta el momento de usarlas.

LIMAS CONFITADAS

TIEMPO DE PREPARACIÓN

5 minutos

TIEMPO DE COCCIÓN

20 minutos

3 limas, con los extremos cortados y cortadas en rodajas finas y redondas

100 g de azúcar superfino o granulado, y un poco más para espolvorear

100 ml de agua

1 Primero lleva a ebullición una olla con agua y escalda las limas sumergiéndolas en el agua hirviendo durante 5 minutos. Escúrrelas y resérvalas.

2 En otra olla, lleva a ebullición el azúcar y el agua a fuego fuerte. Añade las limas y déjalas cocer 12 minutos, o hasta que la piel blanca se vuelva translúcida y las limas se vean confitadas y brillantes. Escúrrelas y déjalas enfriar.

3 Espolvorea las limas acabadas con azúcar si quieres, y guárdalas en un recipiente hermético, separadas mediante papel de hornear.

AZÚCAR AVAINILLADO

Los azúcares aromatizados se pueden utilizar como ingrediente, o bien para espolvorearlos sobre bollos y galletas. Mi abuela era una excelente repostera y siempre tenía un bote de azúcar avainillado en su despensa: cuando era niña pensaba que esta era la cosa más exótica que podías tener.

1 vaina de vainilla

1 bote de 500 g de azúcar granulado o azúcar superfino

Introduce la vaina de vainilla dentro del bote de azúcar y deja que actúe su magia. También puedes triturar la vaina y las semillas en una picadora, o cortarla muy finita y mezclarla en el bote para que se distribuya uniformemente.

AZÚCAR ESPECIADO

1 cucharadita de mezcla de especias

1 cucharadita de canela molida

4 clavos

1 bote de 200 g de azúcar granulado o azúcar superfino

Echa las especias en el azúcar y sacude bien para que se distribuyan uniformemente. Retira los clavos antes de utilizar el azúcar.

RODAJAS DE NARANJA CARAMELIZADAS

Una receta muy práctica y sencilla. Estas naranjas constituyen un delicioso refrigerio agridulce con yogur natural o helado, y se pueden utilizar en multitud de postres y pasteles. En la pastelería las utilizamos para coronar nuestras tartaletas Bakewell de invierno, tartaletas de crema (véase la página 120), trifles y pasteles de chocolate. Puedes emplear el mismo método para caramelizar limones y limas también, solo tendrás que ajustar la cantidad de azúcar ligeramente para equilibrar la acidez extra. Se conservarán bien dentro de la nevera en un recipiente hermético durante 3 días.

TIEMPO DE PREPARACIÓN

15 minutos

TIEMPO DE COCCIÓN

10 minutos

3 naranjas, con los extremos cortados y peladas

100 g de azúcar superfino

1 Con un cuchillo afilado, corta con cuidado los gajos de las naranjas por debajo de las membranas (la piel de los gajos). Colócalos sobre un plato y resérvalos.

2 Extrae el zumo del centro restante de pulpa de la naranja en un vaso y resérvalo.

3 Pon el azúcar en un cazo de fondo grueso a fuego medio. Evita remover mientras se calienta, pero sacude el cazo de vez en cuando para evitar que se pegue. El azúcar se fundirá y se caramelizará bastante rápidamente transcurridos unos 5-6 minutos, así que pon atención. En cuanto el azúcar se haya fundido del todo y adquiera un tono ámbar oscuro, retíralo del fuego e introduce el zumo de naranja reservado para detener la cocción. Deja que se enfríe por completo antes de añadir los gajos de naranja y remueve para que se mezclen bien.

FLORES CRISTALIZADAS

Solo deberías comer flores cultivadas sin pesticidas químicos, lo cual por desgracia descarta la mayoría de flores que puedes conseguir, a menos que cultives tus propias flores o las pidas por Internet. Me encanta el sabor suave y fresco de los pensamientos y las violetas. Las flores cristalizadas se ven realmente hermosas sobre un pastel acabado o una magdalena, y también se pueden hornear encima de las galletas de azúcar. Asegúrate de que tu entorno de trabajo no es demasiado caliente o húmedo antes de empezar. Si procuras asegurarte de que toda la flor quede bien recubierta, estas diminutas bellezas se conservarán bien en un recipiente hermético todo un año.

TIEMPO DE PREPARACIÓN

10 minutos, más el tiempo de secado

Un puñado de flores comestibles

1-2 claras de huevo, disueltas con unas cuantas gotas de agua (unas 4 gotas por clara)

Un pequeño cuenco de azúcar superfino

Una bandeja de hornear forrada
Un pincel fino

1   Corta los tallos tan cerca de la base como sea posible y retira los sépalos (las bolsas verdes de la parte trasera de la flor). Coloca una flor en la bandeja y con la ayuda del pincel, cúbrela de clara de huevo con minuciosidad. Elimina con el pincel el exceso de clara de huevo. Sujeta la flor por lo que queda del tallo sobre el cuenco de azúcar y espolvoréala generosamente con azúcar. Voltéala y sacúdela suavemente para eliminar el exceso de azúcar.

2   Haz lo mismo con el dorso de la flor, procurando recubrir bien toda la flor, pues esto la conservará. Colócala con la cara hacia arriba sobre la bandeja de hornear. Repite el proceso con las otras flores, y cuando hayas acabado, déjalas en un lugar fresco, seco y oscuro durante la noche, o hasta que estén crujientes al tacto. Guárdalas en un recipiente hermético.

HONEYCOMB

El honeycomb es una de las golosinas que más me gusta hacer en la cocina: es muy sencillo de hacer y muy divertido romperlo. La gente habla sobre la ciencia de la repostería, pero esta es una receta que verdaderamente te hará sentir como si estuvieras de nuevo en clase de química.

TIEMPO DE PREPARACIÓN

10 minutos

TIEMPO DE COCCIÓN

10 minutos

CANTIDAD: 200 g

150 g de azúcar superfino dorado

75 g de miel de caña

2 cucharaditas rasas de bicarbonato sódico

Termómetro de azúcar

Una bandeja de hornear o un molde de pastel de por lo menos 4 cm de profundidad forrada/o

1 Coloca el azúcar y la miel de caña en una olla con un termómetro de azúcar fijado a fuego bajo y remueve lentamente (la alta cantidad de miel de caña significa que se puede remover) hasta que la temperatura alcance más o menos 150 °C (el punto de caramelo duro). Esto puede llevar 4-5 minutos, así que ten paciencia y no quites ojo del termómetro, pues la temperatura puede empezar a subir mucho más rápido de repente.

2 Retíralo del fuego, añade el bicarbonato sódico y remueve muy rápida y uniformemente. La mezcla borboteará cuando el bicarbonato sódico libere dióxido de carbono muy rápidamente, que es lo que produce el asombroso efecto de panal de miel (de ahí su nombre, pues *honeycomb* significa «panal» en inglés). Asegúrate de remover bien, u obtendrás un sabor amargo y empalagoso.

3 Vierte la mezcla sobre la bandeja de hornear preparada y déjalo enfriar por completo. Rompe el bloque de *honeycomb* en trozos para servirlo.

HONEYCOMB BAÑADO EN CHOCOLATE: Funde 100 g de chocolate negro (mínimo 70% de sólidos de cacao) en un hervidor de doble pared (véase la página 196). Retíralo del fuego justo antes de que el chocolate se funda y remueve hasta que se funda por completo. Rompe el *honeycomb* frío a trozos del tamaño que quieras y báñalos en parte o por completo en el chocolate. Colócalo en una bandeja de hornear forrada para que se enfríe y fragüe.

ALMÍBAR

En la pastelería utilizamos el almíbar principalmente para dar sabor al té helado y al café. Algunas pastelerías emplean el almíbar para humedecer pasteles, pero yo creo que de ese modo los pasteles quedan demasiado dulces. Hay algunas excepciones, como por ejemplo, el pastel de cerveza porter (página 66), donde el sabor del almíbar es muy profundo y amargo y añade una excelente suculencia al pastel, y el pastel de lluvia de margarita (página 65), donde el almíbar sirve para aportar sabor más que para suplir la falta de humedad. Hacer almíbar es, sin duda, un truco que resulta muy práctico guardar bajo la manga, especialmente para endulzar algo frío (donde no se disuelva el azúcar), como el refresco de sandía de la página 235. Se puede guardar bien en un recipiente hermético máximo 1 semana.

TIEMPO DE PREPARACIÓN

10 minutos

Azúcar superfino

Agua

Sabores (opcional, véase a la derecha)

1 Pon el azúcar en una olla de fondo grueso y añade el doble de agua (debería ser el doble de la cantidad en volumen, no en peso, de modo que si tienes 1 taza de azúcar, deberías añadir 2 tazas de agua). Añade los ingredientes para darle sabor ahora.

2 Calienta a fuego medio, removiendo de vez en cuando, hasta que el azúcar se haya disuelto y el líquido haya espesado y empiece a dorarse ligeramente. Retíralo del fuego, déjalo que se enfríe un poco y retira los ingredientes para dar sabor si los has usado.

SABORES: Prueba a añadir hojas de menta, hojas de abeto Douglas, (¡hacen un almíbar que sabe a árbol de Navidad!), cítricos, bolsas de té, chiles, barras de canela, raíz de jengibre… También puedes añadir licores, sidra, cerveza tipo stout o aguardientes: solo tienes que reducir el almíbar sobre el fuego un poquito más de tiempo.

REFRESCO DE SANDÍA

El remedio definitivo para la sed y el producto estrella en un día soleado, especialmente si le añades un generoso chorro de vodka y un montón de hielo. Decóralo con una ramita de menta si quieres.

TIEMPO DE PREPARACIÓN

5 minutos

RACIONES: 4

4 cucharadas de zumo de limón o de lima

400 g de pulpa de sandía, sin semillas

200 ml de agua fría

100 g de cubitos de hielo

Una pizca de almíbar (opcional, véase la página 234)

2 chupitos generosos (de 35 ml cada uno) de vodka (opcional)

1 Pica todos los ingredientes en una mezcladora con los cubos de hielo.

2 Añade el almíbar y luego añade el vodka si es un buen día.

HELADOS

HELADO DE VAINILLA BÁSICO 241 · HELADO DE MANGO Y MENTA 243 · HELADO DE CAFÉ Y NUECES PECÁN 243 · HELADO DE TROZOS DE *BROWNIE* 244 · HELADO DE *ETON MESS* · HELADO DE FRUTA DE LA PASIÓN 244 · HELADO DE ABSENTA Y PEPITAS DE CHOCOLATE A LA MENTA 247 · SEMIFRÍO DE CHILE, JENGIBRE Y MANZANILLA 248 · GRANIZADO DE VINO ESPECIADO 251

HELADO

Los **POSTRES HELADOS** se remontan a la época del Imperio persa, hacia el año 400 a.C., y ya existían versiones tempranas de postres fríos con hielo, o con hielo endulzado por todo el mundo desde los días de los emperadores chinos hasta la época del Imperio romano. Los helados que identificaríamos con los de la actualidad llegaron mucho más tarde, más o menos a mediados del siglo XIV, con la aparición de los métodos de congelación artificial, y durante largo tiempo constituyeron un privilegio de los muy ricos. Dice la leyenda que el rey Carlos I tenía un heladero personal, a quien se le había hecho jurar mantener en secreto el método de elaboración de por vida, a fin de que el helado pudiera seguir siendo un privilegio real.

Es muy práctico tener helados en tu congelador para batirlos en el último minuto cuando tienes poco tiempo.

¿NECESITO UNA HELADORA?

Idealmente, si haces helado, una máquina te facilitará mucho el proceso y el resultado será mucho más suave y cremoso. Si no tienes ninguna, puedes hacer un helado pasable rompiendo los cristales de hielo con un tenedor (véase más abajo), pero obtendrás mejores resultados con los granizados (véase la página 251) y semifríos (véase la página 248).

LOS TRES PASOS PARA HACER HELADO

Hacer helado es relativamente fácil e implica tres fases principales: preparar la mezcla, congelar y remover, y congelar para que cuaje.

1 Preparar la mezcla. El helado normalmente se compone de leche, nata, huevos, azúcar y sabores. Esta mezcla se une formando una crema que se cuece para que cuajen las proteínas del huevo y espese. Luego se enfría, a veces utilizando un baño María inverso.
2 La siguiente es la fase de congelar y remover. Cuando el helado se está congelando, es preciso removerlo con frecuencia para romper los cristales de hielo y procurar que se mantengan lo más pequeños que sea posible: eso es lo que le proporciona al helado su textura cremosa. Una heladora hace esta fase mucho más fácil al congelar y remover simultáneamente.
3 Cuando más o menos la mitad de la mezcla ya está congelada, es el momento de guardarla en el congelador para que cuaje por completo: en esta fase el helado debería estar consistente, pero aún cremoso. La congelación rápida reducirá las posibilidades de que se formen cristales de hielo grandes.

CÓMO REMOVER EL HELADO A MANO

1 Prepara la mezcla siguiendo la receta y refrigérala 1-2 horas.
2 Traslada la mezcla a un recipiente de plástico hondo para que se asiente unos 4 cm de profundidad y pon en el congelador 30 minutos.
3 Con la ayuda de un tenedor, espátula o batidora de mano, procura deshacer todas las partes congeladas uniformemente.
4 Devuelve el recipiente al congelador y repite el proceso cada media hora, hasta que todo el helado esté firme. Puede que te lleve hasta 4 horas.

NOTA: El helado hecho a mano es mejor comerlo al poco tiempo de haberlo hecho.

HELADO DE VAINILLA BÁSICO

Un delicioso helado con una agradable textura cremosa, el acompañamiento perfecto para multitud de recetas de este libro. Vale la pena tener siempre una remesa en algún rincón del congelador. También sirve como receta básica para hacer una gran variedad de helados de diversos sabores: prueba a añadirle frutos secos o coulis, brandy o frutas. Consulta más abajo las variantes que hacemos en la pastelería.

TIEMPO DE PREPARACIÓN
20 minutos, más el tiempo de remover
TIEMPO DE COCCIÓN
10 minutos
RACIONES: 6-8

300 ml de leche entera
1 vaina de vainilla, cortada por la mitad
8 yemas de huevo
100 g de azúcar superfino
250 ml de nata para montar

1 Vierte la leche en una olla, añade la vaina de vainilla y llévalo lentamente al punto de ebullición, pero sin que llegue a hervir. Cubre la superficie con film transparente para evitar que se forme una película y déjalo enfriar para que infusione la vainilla durante aproximadamente 1 hora. Una vez frío, retira con cuidado la vaina de vainilla de la olla y raspa las semillas sobre la leche.

2 Echa una bolsa de cubitos de hielo en el fregadero y coloca encima un cuenco grande y ancho de metal. También puedes introducir un cuenco de metal en el congelador.

3 Bate en el cuenco las yemas de huevo y el azúcar hasta obtener una mezcla espesa y esponjosa (unos 4 minutos). Agrega la leche avainillada y remueve hasta obtener una crema fina.

4 Vierte la mezcla en un hervidor de doble pared (véase la página 196) a fuego medio y remueve constantemente con una cuchara de madera, llevándolo lentamente casi a ebullición (no dejes que hierva, o se cortará). Cuando la crema haya espesado lo suficiente para formar una capa fina en el dorso de tu cuchara de madera, retírala del fuego, bátela un par de minutos con una batidora de varillas grande (esto hará que se enfríe más rápido) y luego viértela en tu cuenco de metal frío y seco. Déjalo enfriar aproximadamente 10 minutos, removiendo de vez en cuando para evitar que se forme una película.

5 **SI REMUEVES A MANO:** Una vez la mezcla esté fría, guárdala en la nevera 1-2 horas. Retírala y remueve la crema. Métela en el congelador media hora y luego remuévela (véase la página 240) antes de meterla en el congelador para que cuaje por completo.

   SI REMUEVES CON UNA HELADORA: Una vez la mezcla esté fría, vierte la crema, mézclala 30-35 minutos y luego guárdala en el congelador para que cuaje por completo.

HELADO DE MANGO Y MENTA

Este es el helado definitivo contra la resaca: guarda siempre una medida en el congelador, si puedes.

2 mangos maduros y jugosos

1 medida de helado de vainilla básico (véase la página 241) sin la vaina de vainilla

1 cucharadita de hojas de menta picadas finas

1 Pela y deshuesa los mangos y hazlos puré con un procesador de alimentos hasta que queden muy finos. Pasa el puré por un colador para procurar quedarte solo con el zumo dulce y espeso del mango.

2 Haz una cantidad del helado de vainilla básico, omitiendo la vaina de vainilla. Antes de removerlo, añade el zumo de mango y la menta picada.

3 Remuévelo y congélalo según el proceso habitual.

HELADO DE CAFÉ Y NUECES PECÁN

Uno para adultos: cuanto mejor sea el café utilizado aquí, mejor sabor tendrá el helado. Asegúrate de tostar las nueces pecán.

1 medida de helado de vainilla básico (véase la página 241) sin la vaina de vainilla

55 ml de café expreso cargado, completamente frío

75 g de nueces pecán tostadas (véase la página 257) y picadas toscamente una vez frías

1 Haz una cantidad del helado de vainilla básico, omitiendo la vaina de vainilla. Antes de removerlo, añade el café expreso.

2 Remuévelo según el proceso habitual y luego incorpora las nueces pecán tostadas y picadas antes de meterlo en el congelador para que cuaje por completo.

HELADO DE TROZOS DE *BROWNIE*

El brownie *aporta una textura suave y aterciopelada que combina perfectamente con la delicadeza del helado de vainilla.*

1 medida de helado de vainilla básico
   (véase la página 241)
¼ de medida de *brownies* (véase la
   página 147) picados toscamente

1   Haz una medida del helado de vainilla básico.

2   Remuévelo según el proceso habitual y luego incorpora los trozos de *brownie* antes de meterlo en el congelador para que cuaje por completo.

HELADO DE *ETON MESS*

Mucho más perfecto para un día de verano que el Eton Mess. Este es nuestro sabor de helado más popular en verano. Sírvelo con grosellas rojas frescas, frutas del bosque o cerezas, si tienes.

1 medida de helado de vainilla básico
   (véase la página 241)
50 ml de *coulis* de frutas del bosque
   (véase la página 256)
2 merengues medianos, machacados
   (véase la página 182)

1   Haz una medida del helado de vainilla básico.

2   Remuévelo según el proceso habitual, y en mitad de la fase de remover, vierte el *coulis* de frutas del bosque y los merengues machacados.

3   Remuévelo y congélalo según el proceso habitual.

HELADO DE FRUTA DE LA PASIÓN

Me encanta el sorbete de fruta de la pasión, pero este helado es aún mejor: la cremosidad de la vainilla y la acidez de la fruta de la pasión combinan estupendamente.

1 medida de helado de vainilla básico
   (véase la página 241) sin la vaina de
   vainilla
La pulpa de 4 frutas de la pasión

1   Haz una medida del helado de vainilla básico, omitiendo la vaina de vainilla. Antes de removerlo, agrega la pulpa de la fruta de la pasión.

2   Remuévelo y congélalo según el proceso habitual.

HELADO DE ABSENTA Y PEPITAS DE CHOCOLATE A LA MENTA

Esta sencilla receta lleva una crema fina como base a la que se le añade un buen chorro de absenta, armonizando perfectamente con las pepitas de chocolate a la menta. Es un postre muy embriagador, de delicado sabor y muy refrescante: sabe fenomenal rociado con un poco de café expreso después de cenar. He servido este helado en festivales, clubs de cenas clandestinas y cenas tardías en la pastelería, y siempre ha tenido gran aceptación.

TIEMPO DE PREPARACIÓN

30 minutos, más el tiempo de enfriamiento y refrigeración

TIEMPO DE CONGELACIÓN

2 HORAS

RACIONES: 6-8

300 ml de leche entera

4 yemas de huevo

100 g de azúcar superfino

250 ml de nata para montar

60 ml de absenta

100 g de chocolate negro a la menta, picado en pepitas

1 Echa una bolsa de cubitos de hielo en el fregadero y coloca un cuenco grande y ancho de metal encima. También puedes meter un cuenco de metal en el congelador.

2 Vierte la leche en una olla y llévala lentamente al punto de ebullición, sin llegar a hervir. En otro cuenco, bate las yemas de huevo y el azúcar durante 5 minutos hasta obtener una mezcla espesa y esponjosa. Agrega la leche caliente a la mezcla de yemas y azúcar y remueve hasta obtener una crema fina.

3 Vierte la mezcla en un hervidor de doble pared (véase la página 196) a fuego medio y remueve constantemente con una cuchara de madera, llevándolo lentamente casi a ebullición (no dejes que hierva, o se cortará). Cuando la crema haya espesado lo suficiente para formar una capa fina en el dorso de la cuchara de madera, retírala del fuego, viértela en tu cuenco de metal frío y seco y déjala enfriar.

4 **SI REMUEVES A MANO:** Una vez la mezcla esté fría, guárdala en la nevera 1-2 horas. Retira la crema de la nevera, remuévela y luego agrega la absenta. Guárdala en el congelador media hora y luego remuévela (véase la página 240) antes de incorporar las pepitas de chocolate picadas y meterla en el congelador para que cuaje por completo.

SI REMUEVES CON UNA HELADORA: Una vez la mezcla esté fría, vierte la crema y luego la absenta. Mezcla 40 minutos, incorpora las pepitas de chocolate y luego guárdalo en el congelador para que cuaje por completo.

SEMIFRÍO DE CHILE, JENGIBRE Y MANZANILLA

Semifrío viene del italiano semifreddo, *y tal como el nombre indica, es una crema semicongelada, o un helado casero muy sencillo. Anímate a variar los sabores de tu almíbar (véanse las sugerencias de la página 234).*

TIEMPO DE PREPARACIÓN

30 minutos, más el tiempo de
enfriamiento y refrigeración

TIEMPO DE COCCIÓN

10 minutos

RACIONES: 6-8

330 ml de nata para montar

6 yemas de huevo

80 g de azúcar superfino

200 ml de almíbar (véase más abajo)

PARA EL ALMÍBAR

200 ml de agua

175 g de azúcar superfino

130 g de raíz de jengibre, pelada y
picada toscamente

½ chile rojo fresco, sin semillas y picado
toscamente

2 bolsas de manzanilla

Un molde de pan de 23 x 12 x 8 cm,
forrado con film transparente

1 Haz el almíbar colocando todos los ingredientes en una olla de fondo grueso a fuego medio, removiendo de vez en cuando hasta que se disuelva todo el azúcar. Llévalo a ebullición durante 2 minutos, luego apaga el fuego y déjalo enfriar 1-2 horas. Escurre el jengibre, el chile y las bolsas de manzanilla.

2 Bate la nata a punto de cinta gruesa. Coloca las yemas de huevo y el azúcar en un hervidor de doble pared (véase la página 196) a fuego bajo y bátelas hasta que la mezcla esté pálida y espesa (unos 5 minutos). Retíralo del fuego y sigue batiendo hasta que la mezcla esté fría, aproximadamente unos 5 minutos. Vierte 200 ml del almíbar frío en tandas de una cucharada. Luego incorpora la nata batida.

3 Vierte la mezcla en el molde preparado y deja que se congele toda la noche. Sácalo del congelador 30 minutos antes de servirlo.

GRANIZADO DE VINO ESPECIADO

Me encanta el vino caliente especiado, y me parece una vergüenza que al acabar las vacaciones navideñas se suponga que ya no se puede beber más. ¿Por qué la gente es más militante con comer los platos navideños en Navidad que con cualquier otro tipo de comida? Nosotros tuvimos una variante del mince pie (naranjas caramelizadas y franchipán) en la pastelería hasta bien entrado el mes de enero este año, en parte como una declaración de principios audaz y rebelde en pro de la libertad, pero en gran parte porque teníamos un gran excedente de fruta picada especiada. Me gusta tomar vino especiado en verano a través de este delicioso granizado: sigues disfrutando de un fabuloso sabor a especias, y es mucho más refrescante. Las especias empleadas aquí son todas opcionales: anímate a usar las que sean de tu gusto.

TIEMPO DE PREPARACIÓN

30 minutos, más el tiempo de infusión, enfriamiento y congelación

TIEMPO DE COCCIÓN

15 minutos

RACIONES: 3-4

200 ml de agua hirviendo

1 bolsa de té Lapsang Souchong

80 g de azúcar superfino

300 ml de vino tinto (preferentemente uno afrutado y sin roble, como Cabernet Sauvignon)

1 anís estrellado

1 rama de canela

4 clavos

El zumo y la ralladura fina de 1 naranja

El zumo y la ralladura fina de 1 limón

40 g de frambuesas machacadas (opcional)

Un molde de pastel o una bandeja de Pyrex (véase la nota)

1 Vierte el agua hirviendo en una jarra resistente al calor e introduce la bolsa de té. Deja infusionar 5 minutos y luego viértelo en una olla de fondo grueso, añade el azúcar y calienta a fuego medio, removiendo hasta disolver el azúcar. Deja cocer 4-5 minutos, hasta que espese formando un almíbar. Déjalo enfriar.

2 Calienta el vino, las especias, el zumo, la ralladura y las frambuesas, si las usas, en otra olla y déjalo cocer 4-5 minutos. Retíralo del fuego y déjalo enfriar con las especias un rato (30 minutos bastarán).

3 Mezcla el almíbar y el vino especiado y escúrrelo con un colador. Desecha las especias y la bolsa de té.

4 Vierte la mezcla en tu molde de pastel o en la bandeja de Pyrex y guárdala en el congelador. Transcurridos 40 minutos, raspa la base congelada del molde o la bandeja. Revuelve los trocitos de hielo con el líquido y devuelve la mezcla al congelador. Repite el proceso cada 20 minutos hasta que no quede líquido (unas 3 horas). Rompe el granizado acabado con un tenedor para servirlo.

NOTA: El tamaño del molde empleado afectará al tamaño de los cristales de granizado que se formen: un molde con una superficie más grande se congelará más rápidamente y hará cristales más grandes, mientras que una fuente más pequeña se congelará más lentamente y hará un granizado más suave, con cristales más pequeños. También puedes utilizar un tarro de helado o un cuenco: cualquier recipiente que se pueda congelar.

RECETAS BÁSICAS

CREMA DE MANTEQUILLA A LA VAINILLA 254 · CREMA DE MANTE-
QUILLA CON CHOCOLATE 255 · GLASEADO DE QUESO CREMA 255 ·
CREMA DE MANTEQUILLA CON ALMENDRA 255 · GLASEADO DE LAVAN-
DA 255 · *COULIS* DE FRUTAS DEL BOSQUE 256 · *COULIS* DE RUIBARBO
256 · *COULIS* DE FRESA 256 · LECHE DE LAVANDA 257 · FRUTOS SECOS
TOSTADOS 257 · FRANCHIPÁN 258 · GANACHE 259 · CREMA PASTELE-
RA DE HUEVO BÁSICA 260 · CREMA PASTELERA ESPESA SENCILLA 261

CREMA DE MANTEQUILLA

La crema de mantequilla es un glaseado o cobertura que se confecciona batiendo mantequilla con azúcar glas. Se utiliza como relleno entre las capas de un pastel, o para glasearlo, y se puede confeccionar en multitud de sabores.

Mis recetas de crema de mantequilla siempre fluctúan ligeramente. La temperatura del lugar de trabajo y los ingredientes influirán en su consistencia, lo cual determinará cuánto tiempo necesitarás batir la mezcla y cuánto líquido/azúcar deberás añadir.

TRUCOS BÁSICOS PARA UNA CREMA DE MANTEQUILLA PERFECTA

- Prepárate para saltarte la receta y el método al pie de la letra. Ten en cuenta la consistencia que desees obtener y añade el azúcar y los líquidos lentamente, batiendo entre cada adición para conseguir exactamente lo que quieres.

- Utiliza vainilla, mantequilla y nata de buena calidad si puedes: estos son los sabores que quieres que destaquen, más que un montón de azúcar superdulce.

- Empieza con mantequilla muy blanda (pero no fundida) y bátela sola para incorporar algo de aire al principio de todo.

- Si hace calor en la cocina, refrigera tu crema de mantequilla un poco y luego vuelve a batirla suavemente, así podrás espesarla sin necesidad de añadir una dosis extra de azúcar.

- Si tu crema de mantequilla es demasiado fina, mejor espésala con mantequilla en lugar de con más azúcar: el sabor será mucho mejor. Solo tienes que procurar que la mantequilla esté muy blanda (o incluso fundida), de lo contrario se cortará formando grumos y tendrás que desecharlo todo y empezar de nuevo.

CREMA DE MANTEQUILLA A LA VAINILLA

PARA: 450 g

100 g de mantequilla sin sal ablandada
300 g de azúcar glas tamizado
I cucharadita de extracto de vainilla
75 ml de nata para montar

1 Bate la mantequilla sola durante 4-5 minutos a velocidad alta.

2 Añade el azúcar, la vainilla y la nata y bátelo a velocidad baja para unirlo, luego sube a velocidad alta y bate otros 2-3 minutos.

NOTA: Puedes sustituir toda o parte de la nata por leche entera; solo tienes que añadirla lentamente, pues es posible que necesites un poco menos.

CREMA DE MANTEQUILLA CON CHOCOLATE

PARA: 550 g

50 g de mantequilla sin sal ablandada

40 g de cacao tamizado

350 g de azúcar glas tamizado

½ cucharadita de extracto de vainilla

Una pizca de sal marina

30 ml de leche entera

110 ml de nata para montar

1 Bate la mantequilla sola durante 4-5 minutos a velocidad alta, luego añade el cacao y bate hasta formar una pasta.

2 Añade el azúcar glas, la vainilla, la sal, la leche y la mayoría de la nata y bátelo todo junto, primero a velocidad baja y luego a velocidad alta para obtener una consistencia suave. Añade más nata si lo deseas.

COBERTURA DE QUESO CREMA

PARA: 650 g

125 g de mantequilla sin sal ablandada

200 g de queso crema graso y firme, bien escurrido

250 g de azúcar glas tamizado

1 cucharadita de extracto de vainilla

1 Bate la mantequilla sola durante 4-5 minutos, luego añade el queso crema y bate 2 minutos más.

2 Añade el azúcar glas y la vainilla y bátelo 2 minutos más, hasta que esté suave y bien incorporado. Puedes añadir otros 50-100 g de azúcar glas si quieres una textura más firme.

CREMA DE MANTEQUILLA CON ALMENDRAS

PARA: 400 g

55 g de mantequilla sin sal ablandada

250 g de azúcar glas tamizado

4 cucharadas de almendras molidas

75 ml de nata para montar

1 cucharadita de extracto de vainilla

1 Bate la mantequilla sola durante 4-5 minutos, luego añade el azúcar glas, las almendras molidas y un poco de nata. Bátelo lentamente y sigue añadiendo gradualmente la nata hasta alcanzar el espesor deseado.

2 Bate 3 minutos más, hasta que la crema sea suave y ligera.

GLASEADO DE LAVANDA

PARA: 400 g

50 g de mantequilla sin sal ablandada

300 g de azúcar glas tamizado

30 ml de leche de lavanda

(véase la página 257)

15 ml de miel

85 ml de nata para montar

1 Bate la mantequilla sola durante 4-5 minutos, luego añade el azúcar glas, la leche de lavanda, la miel y la nata para montar. Mézclalo hasta que esté suave.

COULIS

Un coulis es un puré de fruta simple y versátil hecho con fruta fresca o cocida, a menudo endulzado. Constituye un excelente acompañamiento para postres como el Eton Mess (véase la página 192), pues su sabor ácido y afrutado contrasta con la cremosidad y la dulzura del merengue. También uso coulis para los bizcochos Victoria (véase la página 45), y las tartaletas Bakewell (véase la página 102). Puedes emplear casi cualquier fruta blanda para hacer un coulis, ya sea fresca o congelada: frambuesas, moras, cerezas, melocotones, ruibarbo, grosellas negras, grosellas rojas y mangos, todas estas funcionan. Las recetas que vienen a continuación proporcionan unas directrices básicas, pero anímate a experimentar combinando diversas frutas y ajustando la cantidad de azúcar a tu gusto.

COULIS DE FRUTAS DEL BOSQUE

PARA: 200 ml

200 g de frambuesas, moras o cerezas frescas sin hueso, peladas y partidas por la mitad, o 200 g de frutas del bosque congeladas

50 g de azúcar superfino

50 ml de agua

1   Coloca todos los ingredientes en una olla mediana de fondo grueso y llévalo a ebullición a fuego bajo, removiendo constantemente. Reduce a fuego lento y caliéntalo 15 minutos o hasta que espese.

2   Déjalo enfriar y luego pasa el *coulis* a una licuadora, o bien utiliza una batidora de brazo para hacerlo puré. Por último, pásalo por un colador, presionando todo lo posible la pulpa y desechando las semillas.

COULIS DE RUIBARBO

PARA: 250 ml

200 g de tallos de ruibarbo cortado a trozos de 1 cm

75 g de azúcar superfino

1 vaina de vainilla cortada longitudinal-mente

100 ml de agua

1   Coloca todos los ingredientes en una olla de fondo grueso y llévalo a ebullición a fuego bajo, removiendo constantemente. Reduce a fuego lento y caliéntalo hasta que el ruibarbo esté lo suficientemente blando para machacarlo fácilmente (unos 15 minutos).

2   Retira la vaina de vainilla, mezcla todo en un procesador de alimentos o con una batidora de brazo hasta obtener una mezcla suave, y luego pásalo por un colador sobre un cuenco.

COULIS DE FRESA

PARA: 275 ml

400 g de fresas limpias y partidas por la mitad

75 g de azúcar superfino

1 cucharadita de zumo de limón

1   Calienta las fresas en una olla de fondo grueso tapada 4-5 minutos, o hasta que empiecen a ablandarse. Añade el azúcar, remueve, tapa y cuece 2-3 minutos, hasta que el azúcar se disuelva.

2   Mézclalo en un procesador de alimentos o con una batidora de brazo hasta que esté suave, y luego pásalo por un colador sobre un cuenco y añade el zumo de limón.

LECHE DE LAVANDA

PARA: 230 ml

250 ml de leche entera

1 ½ cucharaditas de flores de lavanda

1 En una olla pequeña, calienta la leche y las flores de lavanda a fuego medio hasta que la leche alcance justo el punto de hervor. Apaga el fuego y déjalo enfriar completamente.

2 Cuela las flores con un colador antes de usar la leche.

FRUTOS SECOS TOSTADOS

Tuesta cualquier tipo de fruto seco que te guste para añadir un toque final a tus postres o decorar pasteles. Al tostarlos, los frutos secos desprenderán su aroma y aportarán a tus creaciones un sabor delicioso, incluso si se hornean dentro de un pastel: tostar (y enfriar) los frutos secos con antelación realzará verdaderamente su sabor.

Frutos secos al gusto

Una bandeja de hornear

Coloca los frutos secos sobre la bandeja de hornear en un horno precalentado a 180 °C si es de aire (al 6 si es de gas). Puesto que solo hay que tenerlos unos pocos minutos en el horno, y los tiempos de tueste variarán en función del horno, deberás vigilarlos bien. Los tiempos de tueste aproximados son los siguientes:

Almendras laminadas: 5-6 minutos

Nueces y avellanas: 6-7 minutos

Nueces pecán: 7-8 minutos

En todos los casos los frutos secos estarán listos cuando se vuelvan aromáticos y empiecen a dorarse.

FRANCHIPÁN

Este es un versátil relleno de almendra que se puede utilizar para pasteles para el té, tartaletas y pastas. Es una especie de masa de pastel sencilla a base de huevos, azúcar, mantequilla, almendras molidas y un poco de harina para estabilizar, que se bate hasta quedar cremosa, y luego se hornea. El franchipán se usa por todo el libro: me encantan las almendras; su jugosa textura y su sabor delicado casan muy bien con chocolates, pastas y frutas. La siguiente receta sirve para hacer suficiente franchipán como para rellenar dos tartas de 23 cm o 24 tartaletas individuales. Se puede guardar en un recipiente hermético en la nevera máximo 3 días, y puede congelarse (solo tienes que dejar que se ponga a temperatura ambiente antes de usarlo).

TIEMPO DE PREPARACIÓN
10 minutos
TIEMPO DE COCCIÓN
VARIABLE
PARA: 850 g (el relleno de 2 tartas de 23 cm o de 24 tartaletas individuales)

230 g de mantequilla sin sal a temperatura ambiente
230 g de azúcar superfino sin refinar dorado
230 g de almendras molidas
3 huevos
50 g de harina normal tamizada
La ralladura fina de 1 naranja, limón o pomelo (opcional)

1 Bate la mantequilla y el azúcar durante unos 3 minutos.

2 Agrega las almendras molidas, luego incorpora los huevos de uno en uno, batiendo tras cada incorporación, y por último, añade la harina y la ralladura de cítrico.

GANACHE

La ganache es una mezcla aterciopelada de chocolate y nata que se utiliza un montón en repostería para aportar a los pasteles un glaseado liso y brillante, así como para rellenar trufas, tartas y tartaletas. Las proporciones de nata y chocolate varían en función de su uso, y puedes añadirle mantequilla, sabores o alcohol para alterar tanto su consistencia como su sabor. La calidad del chocolate influirá en la textura y el sabor de tu ganache, así que utiliza el mejor que puedas encontrar. (Véanse más consejos sobre cómo elegir el chocolate en la página 196).

PARA UN GLASEADO DE GANACHE

PARA: 400 g

220 g de chocolate negro (mínimo 70% de sólidos de cacao) cortado a trozos

15 g de mantequilla sin sal a dados

180 ml de nata para montar

PARA UN RELLENO DE GANACHE

PARA: 430 g

150 g de chocolate negro (mínimo 70% de sólidos de cacao) cortado en trozos pequeños y algo uniformes

25 g de mantequilla sin sal a dados

Una pizca de sal marina

250 ml de nata para montar

1 Introduce el chocolate y la mantequilla (y la sal si la usas) en un cuenco y resérvalo.

2 Calienta la nata en un hervidor de doble pared (véase la página 196) hasta que empiece a cocer a fuego lento. Tu objetivo es calentar la nata hasta que esté justo lo suficientemente caliente como para fundir el chocolate, pero no mucho más caliente, así que vigílala bien y no dejes que hierva: estará lista cuando los bordes empiecen a burbujear.

3 Retira la nata del fuego y añade el chocolate y la mantequilla, removiendo para unirlo y fundir el chocolate. Si es necesario, puedes devolver la mezcla al hervidor de doble pared brevemente, pero asegúrate de no calentarlo en exceso, o se cortará.

4 Déjala enfriar un poco antes de extenderla, distribuirla con la manga pastelera, o repartirla sobre las tartaletas vacías.

CONSEJO: Si se te corta la ganache, añade un poco de nata fría y bate con fuerza para intentar unir de nuevo la emulsión.

CREMA PASTELERA DE HUEVO BÁSICA

La crema es la receta más tradicional de Inglaterra que puedas encontrar. Se elabora desde la Edad Media, y en la actualidad, si preguntas a alguien cuál es su postre británico favorito, a menudo la respuesta será algo «con crema». Es una técnica fácil de dominar, pero requiere toda tu atención, así que no intentes saltarte pasos, o el resultado no será el mismo. Si le pillas el truco, te servirá de base para un montón de postres, calientes o fríos, desde helados y tartaletas hasta pasteles y trifles.

La crema es básicamente una mezcla cocida de leche o nata y yemas de huevo (el huevo entero posee las propiedades espesantes deseables en la crema, pero solo se usan las yemas por su sabor y textura), que hacen que la crema quede suave y suculenta, y le aportan color.

Como los huevos son muy sensibles al calor, un hervidor de doble pared (un cuenco situado sobre una olla de agua hirviendo a fuego lento, también conocido como baño María) se utiliza para ralentizar la transferencia de calor y procurar que los huevos no se corten. La crema pude tardar un poco en espesar, así que no pierdas la paciencia ni te entre el miedo de que no te ha salido bien. Solo tienes que seguir removiendo sin quitarle el ojo de encima.

Con esta receta se consigue una crema extraordinariamente cremosa, perfecta para verter encima de los postres.

TIEMPO DE PREPARACIÓN

5 minutos

TIEMPO DE COCCIÓN

15 minutos

PARA: 400 ml

5 yemas de huevo

35 g de azúcar superfino

360 g de nata para montar

Una pizca de sal marina

½ vaina de vainilla

1   Remueve las yemas de huevo con el azúcar en un cuenco resistente al calor.

2   Calienta la crema en una olla con la sal y la vaina de vainilla, sin dejar que llegue a hervir. Sabrás que ya está caliente cuando empiece a humear. Vierte la crema caliente sobre las yemas de huevo de forma lenta y uniforme, batiendo continuamente mientras lo haces. Pide a alguien que te ayude en este paso, para que vierta la crema mientras bates.

3   Coloca el cuenco sobre una olla de agua hirviendo a fuego lento para hacer un hervidor de doble pared (véase la página 196) y calienta la mezcla, batiendo continuamente con una batidora de varillas grande, hasta que espese. La crema estará lista cuando las burbujas desaparezcan. Otra buena manera de comprobarlo es arrastrar la cuchara de madera por el centro de la crema: si está lista, la cuchara dejará una marca que tardará un momento en desaparecer. Te llevará unos 8 minutos alcanzar este punto.

4   Retira la vaina de vainilla, córtala longitudinalmente y raspa las semillas sobre la crema. Si es necesario, cuela la crema con un tamiz fino para eliminar los grumos, luego viértela en una jarra y sírvela enseguida. Si no es tu intención servirla enseguida, puedes mantenerla caliente dejándola en la olla, dentro de una olla de agua caliente y cubierta (la crema, no la jarra) con film transparente para evitar que se forme una película. Si quieres usarla fría, puedes cubrirla y refrigerarla máximo 1 día.

CREMA PASTELERA ESPESA BÁSICA

Esta es una receta mucho más rápida y el resultado es una crema algo más espesa que va muy bien para hacer tartaletas. La harina de maíz aquí ayuda a espesar la crema y acorta el tiempo de elaboración, pero dejará un ligero sabor que puede ser captado por los entendidos. En resumidas cuentas, si tienes tiempo y ganas, utiliza el método básico y obtendrás una crema mejor. Pero sigue siendo una alternativa deliciosa, y muy útil cuando se anda corto de tiempo.

TIEMPO DE PREPARACIÓN

15 minutos

TIEMPO DE COCCIÓN

10 minutos

PARA: 250 ml (suficiente para 12 tartaletas)

30 g de azúcar superfino

2 cucharadas de harina de maíz

3 yemas de huevo

260 ml de nata para montar

¼ de vaina de vainilla o ½ cucharadita de extracto de vainilla

1 En un cuenco resistente al calor, bate el azúcar, la harina de maíz y las yemas de huevo a mano hasta obtener una mezcla ligera y esponjosa. Lo mejor es que batas durante 3 minutos, lo dejes reposar unos cuantos minutos y luego sigas batiendo durante 3 minutos más.

2 Calienta la crema con la vainilla en una olla de fondo grueso hasta que empiece a hervir. Vierte la crema caliente sobre las yemas de huevo, batiendo cuidadosamente todo el rato.

3 Coloca el cuenco sobre una olla de agua hirviendo a fuego lento para hacer un hervidor de doble pared (véase la página 196) y caliéntalo a fuego medio, removiendo continuamente con una espátula, hasta que la mezcla esté espesa y cremosa (unos 7-8 minutos).

4 Pásalo por un colador fino y sírvela inmediatamente.

NOTA: Si la vas a usar fría para ponerla en una tarta, saca el cuenco del fuego en la fase final y bate 2 minutos para acelerar el proceso de enfriamiento. Guárdala en la nevera para que cuaje por lo menos 4 horas, luego viértela a mano o con la manga pastelera sobre la base de la tarta.

PROVEEDORES

* INGREDIENTES *

Sal marina Maldon
www.maldonsalt.co.uk

Harina
www.marriagesmillers.co.uk

Harina de espelta
www.dovesfarm.co.uk
www.maplefarmkelsale.co.uk

Chocolate
www.callebaut.com
www.divinechocolate.com
www.greenandblacks.com
www.guittard.com
www.originalbeans.com
www.valrhona.com/worldwide

Vainilla
www.mediteria.com

Flores comestibles
www.firstleaf.co.uk (frescas)
www.greensherbs.com (frescas)
www.steenbergs.co.uk (secas)

* EQUIPO *

Kenwood
www.kenwoodworld.com

Rasquetas de repostería
www.amazon.co.uk

* PROVEEDORES DE DECORACIÓN *

Para polvo de brillo, palos de piruleta, moldes de joyas de silicona, colorantes
y saborizantes alimentarios, moldes de pastel

Squires Kitchen
www.squires-shop.com

Party Party
www.ppshop.co.uk

Surbiton Sugarcraft
www.surbitonart.co.uk

Dr Oetker
www.droetker.com

SBS Bakery Products
www.sbsbakeryproducts.co.uk

GLOSARIO

ACREMAR:
Batir ingredientes como mantequilla ablandada y azúcar hasta conseguir una apariencia y textura muy ligera y esponjosa.

AMASAR:
Trabajar una masa con las manos (véase también la página 135).

BAÑO DE HUEVO BATIDO:
Mezcla de yema de huevo y leche entera (o nata para montar) que se pincela sobre las pastas y las masas antes de hornearlas, para sellarlas y aportar a su acabado un brillo lustroso.

BAÑO MARÍA (O HERVIDOR DE DOBLE PARED):
Un cuenco colocado sobre una olla de agua hirviendo a fuego lento, en el cual ingredientes tales como el chocolate o los huevos pueden calentarse suavemente, protegidos del calor de una llama directa (véase también la página 196).

BATIR:
Mezclar ingredientes, con una batidora de varillas manual o eléctrica. Se puede batir para incorporar aire en ingredientes como las claras de huevo o la nata y hacer la mezcla más ligera, para combinar y airear ingredientes, o para obtener una textura suave y uniforme e incorporar burbujas de aire.

BLANQUEAR:
Cocer ingredientes brevemente en agua hirviendo, que usualmente se zambullen inmediatamente después en agua fría, para facilitar la retirada de la piel.

CARAMELIZAR:
Calentar un ingrediente con azúcar hasta que los azúcares se vuelvan de un color marrón dorado oscuro, o bien calentar azúcar hasta convertirlo en caramelo.

CONFITAR:
Cubrir fruta con un baño de azúcar.

CORTARSE:
Cuando una salsa se separa o se corta, normalmente la mezcla pierde su emulsión: por ejemplo, al añadir demasiados huevos a la vez, o cuando una mezcla se calienta demasiado rápidamente.

CREMA DE MANTEQUILLA:
Una especie de glaseado o «cobertura» que consiste en batir mantequilla con azúcar glas.

CRISTALIZACIÓN:
Cuando las moléculas de azúcar se convierten en cristales sólidos, formando grumos bordeando el interior de la olla (véase también la página 212).

FASE DE MIGAS DE PAN:
En masa o galletas: se consigue cuando todos los ingredientes se han recubierto uniformemente con mantequilla, ya sea a mano o con un procesador de alimentos o mezcladora, de forma que la mezcla presenta el aspecto de migas de pan (véase también la página 97).

FASE DE PICOS BLANDOS:
Batir las claras de huevo hasta que formen picos blandos, que vuelven a caer sobre la mezcla al levantarlos (véase también la página 181).

FASE DE PICOS FIRMES:

Batir las claras de huevo hasta que formen picos firmes, que mantienen su forma al levantarlos (véase también la página 181).

HORNEAR SIN RELLENO:

Prehornear la masa de una tarta antes de añadir el relleno. La base se forra con papel de hornear, se llena de bolas de hornear de cerámica (o de legumbres secas) y se hornea brevemente para garantizar que quede crujiente y no se empape al añadir líquido (véase también la página 98).

INCORPORAR:

Combinar cuidadosamente los ingredientes con una cuchara o espátula sin remover.

LEUDANTE:

Un agente leudante, como por ejemplo, polvo de hornear o bicarbonato sódico, que incorpora burbujas de gas en la masa para que el pastel suba y sea ligero.

LEVAR:

Dejar que una masa suba en un lugar cálido para que aumente su volumen (véase también la página 137).

MEZCLA DE ESPECIAS:

Una mezcla de diferentes especias (habitualmente canela, clavo, jengibre y semillas de cardamomo) conocida como *mixed spice* y usada principalmente en dulces y repostería.

PRUEBA DE LOS LABIOS:

Un método para comprobar la temperatura del chocolate aplicando un poquito sobre tus labios (véase también la página 197).

RALLADURA:

La capa exterior de un cítrico, sobre la piel blanca, que se ralla o se pela para dar sabor.

TAMIZAR:

Pasar harina, azúcar glas o cacao en polvo a través de un tamiz de malla fina para airearlo y deshacer los grumos.

ÍNDICE

absenta
    chocolate caliente a la
        absenta 144, 206
    helado de absenta y pepitas de
        chocolate a la menta 247
aceite en los pasteles 32, 61
acremar grasa y azúcar 32
aire 21
    bolsas de aire 19, 21, 33,
        180, 181
almendras
    crema de mantequilla con
        almendra 255
    bizcocho Victoria con frutas
        del bosque 45
    bombones de oro falso 205
    friands de grosellas rojas
        159
    pastel de cerveza porter 66
    pastelitos para el té de fruta
        de la pasión y almendras
        tostadas 41
    pastelitos para el té de
        lavanda y almendras
        tostadas 41
    pastelitos para el té de
        pomelo rosa, almendras
        y azúcar moreno 164
    tarta de cereza, paraguayo
        y almendra 110
    tartaletas Bakewell de
        ruibarbo 105
    tartaletas Bakewell de
        verano 102
    trifle de jerez borrachín 85
    véase también franchipán
almíbar
    azúcar 212, 234, 248
    miel de caña 17
amasar 135-136
amilasas 136

avellanas
    pastel al revés de piña y
        avellana 81
    pastel de pera, chirivía y
        jengibre 70-71
    scones de espelta y trigo
        integral 156
azúcar 210-37
    acremar con grasa 32
    almíbar 212, 234, 235, 248
    añadir a la espuma de
        huevo 181
    comprobar puntos 213
    cristalización 212, 222
    especiado 228
    fragmentos 92, 93, 225
    termómetro 25, 212, 213
    tipos 17
    vainilla 228
    véase también caramelo
azúcar glas 17, 254
    ingredientes 16-21
    medir 23, 25
    proveedores 263
    temperatura 27
azúcar granulado 17
azúcar moreno
    brioche de azúcar
        moreno 172
    pastelitos para el té de
        pomelo rosa, almendras y
        azúcar moreno 164
    tipos de 17
azúcar superfino 17
bagels, *brioche* especiado con
    semillas de amapola 175
baño de huevo batido 99
baño María (hervidor de doble
    pared) 196-197, 260
básculas 23
batidora de varillas 23

batidora mezcladora con base
    23, 35, 100, 101, 181
bebidas 234
    chocolate caliente a la
        absenta 206
    refresco de sandía 235
bicarbonato sódico 21, 221
    o polvo de hornear 33
bizcocho 32-4
    historia 32
    receta básica de bizcocho de
        vainilla muy esponjoso 38
    siete propuestas con 41-45
bizcocho de capas de granada y
    vainilla 9, 41
bizcocho Victoria con frutas del
    bosque 45
bollos de Hackney y bollos
    sonrientes de Chelsea
    168-169
bollos sonrientes de Chelsea 135,
    168-169
bombones de oro falso, caramelo
    carbonatado granulado 205
brioche 135
    bagels de *brioche* especiado
        con semillas de amapola
        175
    brioche de azúcar
        moreno 172
    brioche de cardamomo y
        dátiles 172
    budín de pan y mantequilla
        172, 176
brownies 147
    galletas de *brownie* 150
    helado de trozos de *brownie*
        244
    pirámide de *brownie* 148
café
    helado de café y nueces

pecán 243

trufas de café y nueces pecán 198

caramelo

bombones de oro falso 205

frutos secos caramelizados 217

«joyas» de caramelo 222

limas confitadas 65, 226

merengues de algodón de azúcar 186

rodajas de naranja confitadas 46, 226

caramelo carbonatado granulado

bombones de oro falso 205

láminas de chocolate con caramelo carbonatado granulado 46, 209

cerezas

pastel de Madeira con cerezas y semillas 48, 49, 50-51

tarta de cereza, paraguayo y almendra 110

tartaletas Bakewell de verano 102

chile

pan de especias especial-mente especiado al jengibre 144

semifrío de chile, jengibre y manzanilla 248

tartaletas de ruibarbo con chile y jengibre 123

chocolate 194-209

bombones de oro falso 205

calentar 196-197

champiñones de merengue 191

chocolate caliente a la absenta 206

crema de mantequilla de chocolate 255

decoraciones de 208-209

elegir 196

exudación 197

formas/láminas 46, 91, 201, 209

frutas bañadas en 209

galletas de pepitas de chocolate 143

helado de absenta y pepitas de chocolate a la menta 247

hervidores de doble pared 196-197

historia 196

honeycomb bañado en chocolate 233

innovaciones 196

merengues de cacao con chocolate negro y pistacho 188

pastel de chocolate amargo y naranja 46

pastel de chocolate sencillo y decadente 69

pastel de chocolate sin harina para después de cenar 78

pastel de chocolate y aguacate 62

pastel decorado con chocolate 89

proveedores 263

«prueba de los labios» 197

templado 197

véase también brownies; ganache

claras de huevo

bolsas de aire 21

incorporar 35

montadas 35, 180, 181

sobrantes 20

cobertura de queso crema 225

colador 23

corazones sangrantes 77

coulis 256

bollos de Hackney y bollos sonrientes de Chelsea 168-169

delantales de cuero de manzana y pera «Jack el destripador» 218

helado de *Eton Mess* 244

huesos de merengue 185

coulis de fresa 218, 256

coulis de frutas del bosque 256

crema 260-261

budín de pan y mantequilla 172, 176

crema de huevo básica 260

crema espesa básica 261

tartaletas de crema con naranjas caramelizadas 120

tartaletas de crema y manzana especiada 127

tartaletas de fruta con fruta de la pasión y menta 124

tartaletas de ruibarbo con chile y jengibre 123

trifle de jerez borrachín 85

véase también helado

crema de mantequilla 254-255

cobertura de queso crema 255

consejos 254

crema de mantequilla a la vainilla 254

crema de mantequilla con almendra 255

crema de mantequilla de chocolate 255

glaseado de arce 161

glaseado de lavanda 255

crumble

crumble de avena 128

crumble de moras, peras y piñones 129

crumble de ruibarbo y uvas
    espinas 129
tartaletas de crema con
    naranjas caramelizadas 120
tartaletas de crema y
    manzana especiada 127
tartaletas de ruibarbo con
    chile y jengibre 123
trifle de jerez borrachín 85
cucharas 23, 25
cuencos 23, 24, 25, 180
decoración
    de chocolate 208-209
    de pasteles 86-93
    proveedores 263
dióxido de carbono 21, 136, 137
donuts de sidra de manzana al
    horno 167
equipo 22-26
    proveedores 263
espacio de trabajo 27
espátulas 23, 25
Eton Mess 180, 256
    Eton Mess de primavera con
        coulis de ruibarbo y nata
        de flor de saúco 192
    helado de *Eton Mess* 244
fase de migas de pan, masa 97
film transparente 25
flores comestibles 127, 230
    pastel con flores comestibles
        88
flores cristalizadas 88, 230
franchipán 258
    pastelitos para el té de
        pomelo rosa, almendras y
        azúcar moreno 164
    tarta de cereza, paraguayo y
        almendra 110
    tarta de membrillo y
        franchipán 107
    tartaletas Bakewell de
        ruibarbo 105

tartaletas Bakewell de
    verano 102
friands de grosellas rojas 159
fruta
    friands de grosellas rojas 159
    fruta bañada en chocolate 209
    helado de mango y menta 243
    limas confitadas 226
    pastel al revés de piña y
        avellana 81
    pastel *banoffee* 116
    pastel con fruta brillante 91
    pastel de chocolate y aguacate
        62
    pastelitos para el té de pomelo
        rosa, almendras y azúcar
        moreno 164
    refresco de sandía 235
    trifle de jerez borrachín 85
    véase también manzanas;
        cerezas; limones; naranjas;
        fruta de la pasión; peras;
        membrillo; ruibarbo; *coulis*
fruta de la pasión
    helado de fruta de la pasión
        244
    pastel de zanahoria de verano
        58-59
    pastelitos para el té de fruta
        de la pasión y almendras
        tostadas 41
    tartaletas de fruta con fruta
        de la pasión y menta 124
    tartaletas de ganache y fruta
        de la pasión 119
frutos secos
    crumble de moras, peras y
        piñones 129
    frutos secos caramelizados
        217
    frutos secos tostados 257
    véase también almendras;
        avellanas; nueces pecán;

    pistachos
galletas 132-145
    canapés de bizcocho y galletas
        brillantes 45
    cortadores a medida 134
    galletas de *brownie* 150
    galletas de pepitas de
        chocolate 143
    pan de especias especialmente
        especiado al jengibre 144
    purpurina 134
ganache 259
    pastel de chocolate amargo y
        naranja 46
    pirámide de *brownie* 148
    relleno/glaseado 259
    tartaletas de ganache con
        honeycomb 202
    tartaletas de ganache y fruta
        de la pasión 119
    tartaletas de ponche caliente
        112
    trufas de café y nueces pecán
        198
    trufas de whisky 200
glaseado de arce 161
glaseado de lavanda 255
glucosa líquida 17
gluten 18, 20, 138
    pasteles 33, 38
    tartas 96, 97, 98, 99
    pastas 135, 136
granizado de vino especiado 251
grasa 32, 62, 96-97
    véase también mantequilla;
        aceite en los pasteles
harina 18, 33
    almacenar 18
    elegir 18
    tamizar 18
    tipos 18, 96
harina de espelta 18, 58, 106,
    156

helado 238-249
  helado de absenta y pepitas de chocolate a la menta 247
  helado de café y nueces pecán 243
  helado de *Eton Mess* 244
  helado de fruta de la pasión 244
  helado de mango y menta 243
  helado de trozos de *brownie* 244
  helado de vainilla básico 247
  heladora 240
  semifrío de chile, jengibre y manzanilla 248
  tres pasos para hacer 240
hervidores de doble pared 196-197, 260
honeycomb 233
  tartaletas de ganache con *honeycomb* 202
hornear
  bandejas de 23
  papel de 23
  sin relleno, masa 98
horno 23
  manoplas 25
  precalentar 27
  temperatura 23, 34, 99, 180
huevo(s) 20
  batidos 35
  batir 32
  elegir 20
  incorporar claras a la masa 35
  separar 20, 181
  véase también claras de huevo; yemas de huevo
jengibre
  pan de especias especialmente especiado al jengibre 144, 206
  pastel de pera, chirivía y jengibre 70-71

semifrío de chile, jengibre y manzanilla 248
tartaletas de ruibarbo con chile y jengibre 123
«joyas» de caramelo 222
lavanda
  glaseado de lavanda 255
  leche de lavanda 257
  mini *shortbread* de lavanda 139
  pastelitos para el té de lavanda y almendras tostadas 41
levado 137
levadura 21, 135
  bagels de *brioche* especiado con semillas de amapola 175
  bollos de Hackney y bollos sonrientes de Chelsea 168-169
  brioche de azúcar moreno 172
  budín de pan y mantequilla 176
  masa dulce 135, 136, 137
limas confitadas 226
limones
  espuma de huevo 181
  rodajas de limón caramelizadas 112, 226
  shortbread de limón y pistacho 139
líquido, añadir 33, 96
manga pastelera 25
  boquillas 26
  técnicas 26, 87
mantequilla 20, 32, 96-97
  budín de pan y mantequilla 172, 176
  hacer 153
  sin sal 20
manzanas
  delantales de cuero de manzana y pera «Jack el destripador» 218

donuts de sidra de manzana al horno 167
pastel de manzana y romero al aceite de oliva 61
tartaletas de crema y manzana especiada 127
masa dulce 135-137
  amasar 135-136
  dar forma 136
  hacer 135
  hornear 137
  humedad 136, 137
  levado 137
  reposo 136
masa quebrada 96-99
  dulce 101
  salada 100
mascarpone 55
medir ingredientes 23, 25
melaza 17
membrillo
  elegir membrillos 106
  tarta de membrillo con anís estrellado y masa de espelta integral 106-107
  tarta de membrillo y franchipán 107
merengue 178-193
  champiñones de merengue 191
  equipo 180
  espuma de huevo 180, 181
  Eton Mess de primavera con *coulis* de ruibarbo y nata de flor de saúco 192
  huesos de merengue 185
  merengue básico 182
  merengues de algodón de azúcar 186
  merengues de cacao con chocolate negro y pistacho 188
  picos, blandos y firmes 181

temperatura del horno 180
miel 17
mini *shortbread* de lavanda 139
moldes
    pastel 23
    preparación 27
    tamaños 24, 251
    tarta 23, 96
moras
    crumble de moras, peras y
      piñones 129
    Eton Mess de primavera con
      coulis de ruibarbo y nata de
      flor de saúco 192
naranjas
    pastel de chocolate amargo y
      naranja 46
    rodajas de naranja
      caramelizadas 229
    rodajas de naranja confitadas
      226
    tartaletas de crema con
      naranjas caramelizadas 120
nata, técnica para batir 49
nueces pecán
    guirlache de nueces pecán 214
    helado de café y nueces pecán
      243
    pastel *banoffee* 116
    pastelitos para el té de beicon
      y sirope de arce 160-161
    trufas de café y nueces pecán
      198
nueces pecán blanqueadas 116,
    216
palomitas de maíz con caramelo,
    sal y whisky 221
pan
    budín de pan y mantequilla
      172, 176
    harina de fuerza 18
pastel (es) 30-93
    almacenar 34

decorar 86-93
elaborados con huevos batidos
    35
enfriar 25, 34
grasa en 32
hornear 33
pastel al revés de piña y avellana
    81
pastel *banoffee* 116
pastel con fruta brillante 91
pastel de aguacate, chocolate 62
pastel de cebra 52
pastel de cerveza porter 66, 234
pastel de chocolate amargo y
    naranja 46
pastel de chocolate sencillo y
    decadente 69
pastel de fragmentos de cristal 92
pastel de lluvia de margarita 65,
    234
pastel de manzana y romero al
    aceite de oliva 61
pastel de mosaico 93
pastel de pera, chirivía y jengibre
    70-71
pastel de rosas 87
pastel de zanahoria
    pastel de zanahoria de verano/
      invierno 9, 58-59
    pastel sin gluten de zanahoria y
      calabacín 82
pastel sin gluten de zanahoria y
    calabacín 82
pasteles de las almas 36
pasteles de luna chinos 36
pasteles de tortuga 36
pastelitos para el té 132-77
    pastelitos para el té de beicon
      y sirope de arce 160-161
    pastelitos para el té de cacao y
      vainilla 44
    pastelitos para el té de coco
      44

pastelitos para el té de fruta
    de la pasión y almendras
    tostadas 41
pastelitos para el té de pomelo
    rosa, almendras y azúcar
    moreno 164
véase también pastas
peras
    chips de pera 71
    crumble de moras, peras y
      piñones 129
    delantales de cuero de
      manzana y pera «Jack el
      destripador» 218
    pastel de pera, chirivía y
      jengibre 70-71
pistachos
    merengues de cacao con
      chocolate negro y pistacho
      188
    shortbread de limón y pistacho
      139
polvo de brillo 91, 186, 200, 205
polvo de hornear 21, 333
    o bicarbonato sódico 33
postres helados, *véase* helado
procesadores de alimentos 25,
    100, 101
prueba del chicle de globo 136
«prueba de los labios», chocolate
    197
    receta básica de bizcocho de
      vainilla muy esponjoso 38
recetas básicas 252-262
recetas con brillo
    canapés de bizcocho y galletas
      brillantes 45
    galletas brillantes 134
    pastel con letras de purpurina
      90
recetas con especias
    azúcar 228
    bagels de *brioche* especiado

con semillas de amapola 175

pan de especias especialmente especiado al jengibre 144, 206

tartaletas de crema y manzana especiada 127

recetas de pasteles sin harina

pastel de chocolate sin harina para después de cenar 78

pastel de remolacha 55

pastel sin gluten de zanahoria y calabacín 82

pastel sin harina de galletas Oreo 56

red velvet 72-77

canapés de minipasteles de capas 73

corazones sangrantes 77

pastel de capas *red velvet* 74

refresco de sandía 234, 235

rejilla enfriadora 25

remolacha 70

pastel de remolacha 55

rodajas de limón caramelizadas 112, 229

rodajas de naranja caramelizadas 120, 229

ruibarbo 120

coulis de ruibarbo 256

crumble de ruibarbo y uvas espinas 129

Eton Mess de primavera con *coulis* de ruibarbo y nata de flor de saúco 192

tartaletas Bakewell de ruibarbo 105

tartaletas de ruibarbo con chile y jengibre 123

sal 135, 143, 152, 221

scones

scones de espelta y trigo integral 156

scones de la abuelita 152

semifrío de chile, jengibre y

manzanilla 248

semillas

bagels de *brioche* especiado con semillas de amapola 175

pastel de Madeira con cerezas y semillas 48

pastel sin gluten de zanahoria y calabacín 82

pastel sin harina de galletas Oreo 56

shortbread 138, 139

shortbread de albahaca 139

suero de leche, hacer 153

tartas 94-131

hacer la masa 97

encogimiento 98

espelta 106

extender la masa 97

fase de migas 97

historia 96

hornear sin relleno 98

horno 99

ingredientes 96

pesos 98

reposar 97

temperatura 99

tipos 96

véase también masa quebrada

tarta de cereza, paraguayo y almendra 110

tartaletas Bakewell 229, 256

tartaletas Bakewell de ruibarbo 105

tartaletas Bakewell de verano 102

tartaletas de ponche caliente 112

técnica para batir nata 49

termómetro

azúcar 25, 212, 213

horno 23

trifle de jerez borrachín 85, 229

utensilios *véase* equipo

vainilla

azúcar avainillado 228

bizcocho de capas de granada y vainilla 9, 41

crema de mantequilla a la vainilla 254

helado de vainilla básico 147, 247

pastelitos para el té de cacao y vainilla 44

receta básica de bizcocho de vainilla muy esponjoso 38

verduras

pastel de pera, chirivía y jengibre 70-71

pastel de remolacha 55

véase también pastel de zanahoria

whisky

palomitas de maíz con caramelo, sal y whisky 221

tartaletas de ponche caliente 112

trufas de whisky 200

yemas de huevo 99, 101, 144, 260

batidas 35

Eton Mess de primavera con *coulis* de ruibarbo y nata de flor de saúco 192

grasa y 181

sobrantes 20

GRACIAS A...

A Jenny Lord, por ser la primera en pedirme que hiciera este libro, y por su trabajo infatigable, su paciencia y sus maravillosas ideas durante todo el proceso.

A Katherine Pont, por su talento e inspiración en el diseño desde los inicios.

A Martin Shaw, por todo su apoyo y sus conocimientos sobre repostería.

A Daisy, por unirlo todo; no lo hubiéramos podido hacer sin ti.

A Romas Foord, por sus hermosas fotografías.

A Rafi Romaya y a todo el equipo de Canongate.

A Hardwin, por brindarme su ayuda cuando la necesitaba. ¡Gracias, Hardy!

A Peter, Christine, Lindsay y los Wrights, por vuestra ayuda y vuestro apoyo.

A Amy, Chloe, Olly y los YBF.

A Luke, Rakan, Tasha, Morgan, Rose y todo el equipo de los domingos de la pastelería.

A nuestro vecino Augustin, de Printers and Stationers, por su excelente vino
y por los mejores Bloody Mary de la ciudad.

A Cissi, Taj y a todas las chicas de Swanfield.

A Sam Bompas, por su inspiración y su apoyo desde los primeros días.

A Joanna McGarry, por ayudarme a ponerlo todo en marcha.

A nuestros vecinos de Columbia Road, Vintage Heaven (www.vintageheaven.co.uk)
y Milagros (www.milagros.co.uk), por dejarnos utilizar sus hermosos objetos como decorado
para nuestras fotos.

A David Eldrige, de Two Associates.

A Anita King, por ayudarme a elaborar y glasear 5.000 pasteles, trasnochando para hacer flores de azúcar, glasear panes de especias con cientos de niños gritones, confeccionar delantales estampados con ojos, hospedar una fiesta de cóctel de hechicería invernal, y todas esas tonterías relacionadas con comida en las que la he enredado.

A Marawa The Amazing, por la macedonia de la muerte, Yum Cha Cha y otras colaboraciones e inspiraciones.

A Nuno Mendes, Gizzi Erskine, Gemma Bell, Jonathan Conway, Jon Nash, Marriage's the Master Millers, Melanie Ashley, Fergus McAlpin, Jonathan Baron, Makoto y Studio Baron Design, The Calabrese Brothers, James Chase y la Chase Distillery.

Y sobre todo, a David.